EL PEQUEÑO LIBRO DEL

MIN SS

CW01628092

EL PEQUEÑO LIBRO DEL

MINDFULNESS

No te aflijas por el pasado
o te preocupes por el futuro

Simplemente vive en el ahora
CON MEDITACIONES MINDFULNESS

ANNA BLACK

Librero

Para Scott

Título original: *The Little Pocket Book of Mindfulness*

© 2022 Librero b.v. (edición española),
Postbus 72, 5330 AB Kerkdriel, Países Bajos

Publicado originalmente en Reino Unido en 2015 por CICO Books, una edición de Ryland Peters & Small Limited, 20-21 Jockey's Fields, London WC1R 4BW

Texto © Anna Black 2012
Diseño e ilustraciones © CICO Books 2015

Editor: Cindy Richards
Edición: Ingrid Court-Jones
Diseño: Manisha Pate
Illustraciones: Amy Louise Evans

Producción de la edición española: Fosbury Books
Traducción: María Correas
Maquetación: David Generoso

Distribución exclusiva de la edición española:
Librero IBP S. L.
C/ Paseo de los Olmos, n.° 20
Planta 1.ª, Oficina 7
28005 Madrid, España
www.librero-ibp.es

Printed by GPS Group

ISBN: 978-94-6359-438-7

Todos los derechos reservados. Ninguna parte de esta obra se puede reproducir, almacenar o transmitir de forma o por medio alguno, sea este electrónico, mecánico, por fotocopia, grabación o cualquier otro, sin la previa autorización escrita de los titulares de los derechos.

Se han realizado todos los esfuerzos posibles para garantizar que la información recogida en este libro sea correcta. En caso de error u omisión al consignar los derechos de autor de las imágenes incluidas en la obra, Librero b.v. pide disculpas y se compromete a enmendar la información en futuras ediciones del libro.

ÍNDICE

INTRODUCCIÓN

Muchos de nosotros vamos con el piloto automático puesto. ¿Cuántas veces has salido de casa y luego no recuerdas qué has hecho desde entonces, hasta el punto de que tienes que volver y comprobar que has cerrado con llave la puerta? (¡Sí, a mí me ha pasado!). Hasta cierto punto, tenemos que actuar así para que nos dé tiempo a hacer todo. **Pero los problemas surgen cuando pasamos así la mayor parte de nuestra vida**, ignorando las pequeñas experiencias de cada día que le dan color y textura. Nuestra falta de atención hace que no nos demos cuenta de lo que está sucediendo, y eso afecta nuestras relaciones. Realizamos tantas tareas a la vez que nunca nos paramos a evaluar dónde nos hallamos: **siempre estamos preparándonos para pasar a lo siguiente**. O nos quedamos atascados, paralizados por los «y si» o los «si tan solo» que evitan que continuemos con nuestra vida y nos ocupemos del presente. La negatividad que surge de estos estados mentales nos afecta aún más y **puede que nos encontremos ansiosos o deprimidos, o que nos automediquemos con drogas y alcohol**, lo que hace que continúe el ciclo. A menudo solo puede ser roto por un cambio vital grande, como una enfermedad o un accidente, una muerte o una ruptura. Este tipo de acontecimientos nos sacuden y nos hacen cuestionar cómo vivimos. Muchas veces, **solo cuando todo se desmorona estamos preparados para (y forzados a) hacer cambios radicales.**

Descubrí el mindfulness por casualidad: mientras ojeaba los estantes de la librería pública, me encontré con el libro de Jon Kabat-Zinn, *Vivir con plenitud la crisis*. A pesar de su grosor, el subtítulo «Cómo utilizar la sabiduría del cuerpo y de la mente para enfrentarnos al estrés, el dolor y la enfermedad» sonaba prometedor para alguien con problemas de estrés. Leerlo fue un momento esclarecedor, pues me di cuenta de la cantidad de energía que gastaba en mantener mi vida exactamente como pensaba que debía ser en vez de aceptarla como era. **La conciencia de que podía dejar de sufrir y empezar desde el punto en el que estaba me dio una gran sensación de liberación**, aunque fue doloroso aceptar la gran diferencia que había entre mis expectativas y la realidad.

Al mismo tiempo, ya me interesaba la meditación, pero no me atraía ninguna orden budista en particular. Me costaba la parte práctica: por ejemplo, en mi clase de yoga, el profesor adoptaba la postura del loto y nos quedábamos en silencio 20 minutos. **Cerraba los ojos durante lo que me parecía una eternidad y cuando los abría me daba cuenta de que la manecilla del reloj apenas se había movido.** Me sentaba con las piernas cruzadas, sufriendo, sin saber qué se suponía que debía hacer, y me preguntaba cómo conseguía el resto del mundo quedarse así tan tranquilamente. Una cosa llevó a la otra, como pasa siempre que dejas que las cosas sigan su curso. Descubrí que no hacía falta retorcerme en una postura incómoda; poco a poco, los dos minutos se hicieron cinco y luego más y más.

Yendo paso a paso (y a veces retrocediendo), **comencé a andar por el camino del mindfulness, manteniendo mi atención firmemente puesta en mis pies, además de conservando el sentido de hacia dónde me dirigía**. Cada vez que daba un paso, ello me animaba y me ayudaba con el siguiente. Ahora, el mindfulness guía e influye en toda mi vida. Sus efectos no siempre son fáciles de asumir, y a veces tropiezo y me desvío, pero conectar con tu propia sabiduría y con tu fuerza interior te coloca en un lugar privilegiado. Descubrimos que tenemos que aprender las mismas lecciones una y otra vez, y que está bien que sea así: uno nunca «llega», sino que aprende y crece constantemente.

Muchas personas han influido en mí y me han enseñado. Buena parte de ello lo transmito aquí, en el espíritu de compartir que fundamenta las enseñanzas budistas, y mío es cualquier error. Espero que este libro sirva como ejemplo de **las posibilidades que la meditación del mindfulness puede aportar a tu vida** y te ayude a explorar más el tema (ver págs. 204-207). Pongo el acento en experimentar con las maneras de incorporar el mindfulness a tu vida diaria y en hacerlo poco a poco, a un ritmo que te sea cómodo. Tienes toda una vida llena de oportunidades por delante.

capítulo 1

¿QUÉ ES EL MINDFULNESS?

Antes de probar las meditaciones de este libro, puede que te ayude entender lo que es el mindfulness, de dónde viene y cómo se utiliza hoy en día. Aunque sus raíces tienen más de 2500 años, ha sido solo en los últimos treinta que ha comenzado a utilizarse terapéuticamente y a ser más popular. En este capítulo, también **destaco los beneficios del mindfulness** y explico cómo cualquiera de nosotros puede extraer y cultivar estas cualidades inherentes a uno mismo, además de **aclarar algunas ideas erróneas comunes sobre la meditación**.

El libro está diseñado para que puedas leerlo por secciones, pero, antes de que empieces a practicar, recomiendo que leas «Cómo aprovechar mejor este libro» (págs. 15-19). Esa sección contiene información importante sobre cómo afrontar los ejercicios y **sacar lo mejor de ellos**, siempre cuidando de ti mismo a la vez. Con ese objetivo, también se dan consejos sobre la postura y sobre cómo adoptar una posición de alerta segura y relajada. No obstante, puedes hacer muchas de las meditaciones al mismo tiempo que otras tareas de tu vida diaria.

En la meditación mindfulness, cultivamos intencionadamente actitudes concretas que apoyarán nuestros ejercicios; en este capítulo explicaré lo que son y **cómo pueden beneficiarnos, tanto en la vida diaria** como durante los ejercicios en sí.

DEFINICIÓN

Para empezar, ayuda tener claro lo que es el mindfulness: **prestar atención plena a lo que normalmente ni siquiera apreciaríamos y ser conscientes del momento presente, sin juzgar, con amabilidad y compasión.** Cuando practicamos el mindfulness, prestamos atención a lo que ocurre en nuestro cuerpo y mente, a nuestros pensamientos (la historia que nos contamos a nosotros mismos) y a las emociones y sensaciones físicas que experimentamos.

ORÍGENES DEL MINDFULNESS

La meditación mindfulness tiene sus orígenes en prácticas budistas de más de 2500 años de antigüedad. El príncipe Siddhartha, que se convirtió en Buda, dedicó su vida a encontrar la causa del sufrimiento, y recomendó el **mindfulness como forma de superar el duelo, la tristeza, el dolor y la ansiedad, y de alcanzar la felicidad.**

En 1979, el **mindfulness comenzó a ser utilizado terapéuticamente** por el doctor Jon Kabat-Zinn y sus colegas de la Clínica de Tratamiento del Estrés del Hospital Universitario de Massachusetts, Estados Unidos. Kabat-Zinn desarrolló el programa de Reducción del Estrés Basado en el Mindfulness (MBSR, por sus siglas en inglés) para ayudar a aprender a vivir con enfermedades crónicas. Eran personas por las que ya no se podía hacer nada, pues sufrían, por ejemplo, de enfermedades terminales, dolor lumbar crónico o VIH. Muchos de ellos padecían depresión y ansiedad como consecuencia de su enfermedad.

En el MBSR, el mindfulness se cultiva a través de prácticas de meditación formal, tales como la sentada y el escáner corporal, además del movimiento consciente (por ejemplo, el yoga) y prácticas informales en las que los participantes utilizan la meditación durante su vida diaria. Por medio de estas prácticas, **los participantes descubren una manera diferente de vivir con su sufrimiento.** El programa cultiva cualidades como la paciencia, la aceptación y la ecuanimidad, que les permiten enfrentarse al estrés, al dolor crónico y a la enfermedad con mayor facilidad, habilidad y sabiduría. Las investigaciones clínicas han demostrado que los participantes que terminan el curso experimentan **cambios físicos beneficiosos**, incluyendo un sistema inmunológico más fuerte, mejor presión arterial y cambios en la forma en la que el cerebro se enfrenta a las emociones difíciles. Los beneficios del programa se propagaron de boca en boca y en los medios, y pronto se ofreció a personas de todas las edades y con diferentes estilos de vida. Hoy, el MBSR se usa en colegios, prisiones y en el mundo del deporte y de los negocios, además de en el sanatorio, donde **lo practican tanto personal como pacientes**.

En 2001, Mark Williams, John Teasdale y Zindel V. Segal crearon la Terapia Cognitiva Basada en el Mindfulness (MBCT). Basada en el MBSR, se desarrolló para el tratamiento de la depresión, pero después se ha adaptado a otras dolencias, incluidas la ansiedad, los trastornos alimenticios y las adicciones. El Instituto Nacional de la Salud y la Excelencia Clínica (NICE, por sus siglas en inglés) del Reino Unido la recomienda para el tratamiento de la depresión en pacientes con más de tres episodios.

Esencialmente, el MBSR y la MBCT son muy parecidos. La diferencia es que el MBSR suele enseñarse en grupos genéricos de personas que sufren de distintas patologías físicas y psíquicas, trastornos y/o estrés vital general, mientras que la MBCT se suele aplicar a un grupo con una dolencia concreta, como ser depresión o ansiedad, e incluye contenido específico para ella. No obstante, ambas ponen **el acento en la conciencia deliberada no crítica de la experiencia propia en el momento presente**.

Cada vez hay más pruebas de los usos terapéuticos del mindfulness para la salud. La investigación sobre ello suele hacerse con pacientes que realizan un curso estructurado de ocho semanas que consiste en la práctica diaria de la meditación formal e informal, además de en el aprendizaje. Los ejercicios de este libro son predominantemente informales, y, aunque no substituyen los cuidados terapéuticos, son un buen comienzo si eres principiante.

Si ya tienes experiencia en la meditación mindfulness, espero que este libro te anime a incorporarla más a tu vida diaria. Aunque los ejercicios formales son, sin duda, importantes, cuanto más incluyamos el mindfulness en nuestras actividades diarias más beneficios obtendremos.

CÓMO APROVECHAR MEJOR ESTE LIBRO

Este libro está dividido en distintos capítulos. Si el mindfulness es algo nuevo para ti, te recomiendo que comiences con algunos de los ejercicios centrados en el cuerpo del Capítulo 2, *Conecta con tu cuerpo*. **Te iniciarán en las principales habilidades, como la respiración consciente y el movimiento de atención por el cuerpo,** que son necesarios para ejercicios en los que aprendemos a «convivir con las dificultades», como el dolor y la ansiedad. Siempre es mejor **dar pequeños pasos que empezar de golpe.** El Capítulo 5, *Fabrica tu paracaídas*, contiene algunos ejercicios fundamentales para sostener y cultivar actitudes y habilidades que te ayudarán a aprovechar al máximo todas las meditaciones. Una vez que te acostumbres a respirar, puedes moverte de una sección a otra.

Un componente clave del mindfulness es la voluntad de centrarse en la dificultad, ya sean sensaciones incómodas del cuerpo, emociones dolorosas o pensamientos no deseados. Según aumenta nuestra conciencia, apreciamos muchas cosas que antes ignorábamos porque eran desagradables o dolorosas, ya fuera física o psíquicamente. Prestar

atención al cuerpo puede hacer que afloren viejas emociones. Todo esto implica que, a pesar de que la meditación mindfulness puede tener muchos beneficios, también puede ser estresante y, a veces, difícil. Si en cualquier momento te agobias, es importante que pares de inmediato. No quiere decir que nunca vayas a poder practicar el mindfulness, pero quizá sea mejor que lo hagas con el apoyo de un profesor o en un momento en que estés menos estresado. Si tienes dudas, consulta a tu médico.

Te recomiendo que leas detenidamente los siguientes consejos antes de comenzar con cualquiera de los ejercicios. Cuando vayas a hacer uno, te sugiero que lo leas varias veces antes de dejar el libro e intentarlo. **Siempre hay más de una manera de hacer las cosas y las instrucciones son solo una guía.** Cuanto más practiques, más rápido encontrarás tu técnica y utilizarás las palabras, frases y ritmos que mejor te funcionen. Siéntete libre también de acortar o extender los ejercicios. Muchos de ellos pueden adaptarse al tiempo que tengas disponible.

Cuanto más practiques, más rápido encontrarás tu técnica

RECUERDA

* El mindfulness trata de prestar atención de forma intencionada a tu experiencia, sin juzgarla, conforme ocurre, dándote cuenta de lo que sucede en tu cuerpo y dónde. También se refiere a tomar conciencia de las emociones que surgen y del tono de estos sentimientos, así como de las historias que nos contamos a nosotros mismos.

* Lo más importante es lo que está ocurriendo, no por qué está ocurriendo.

* Utilizamos nuestros cinco sentidos (vista, oído, gusto, tacto y olor) para explorar nuestra experiencia.

* Nunca buscamos una experiencia concreta. No hay una correcta o incorrecta. Cualquiera que sea tu experiencia, es lo que experimentas tú en este momento.

* Si en algún momento del ejercicio te pierdes, vuelve a centrarte en la sensación física de tu propia respiración.

y más utilizarás tus propias palabras, frases y ritmos.

PREGUNTAS QUE PUEDES HACERTE MIENTRAS HACES LOS EJERCICIOS:

*** ¿Qué es lo que siento físicamente en mi cuerpo? Percibe la sensación, dónde se encuentra y su característica principal (p. ej., si es constante o intermitente).**

*** ¿Qué siento emocionalmente? Si identificas alguna emoción en particular (por ejemplo, enfado), pregúntate: ¿Cómo sé que estoy enfadado? ¿Dónde experimento este enfado en mi cuerpo? ¿Cuáles son las sensaciones físicas asociadas a ese enfado y cómo las describiría?**

*** ¿Qué pensamientos surgen? ¿Qué historias me estoy contando a mí mismo acerca de mi experiencia?**

Puedes hacer muchos de los ejercicios durante tu vida diaria (mientras haces cola, sentado en el coche o en una sala de espera). Pero para **otros necesitarás un lugar tranquilo donde nadie te moleste**. ¡Conozco estudiantes que entran al baño del trabajo para poder meditar algunos minutos sin que les molesten!

Estés donde estés, sugiero que **apagues o desenchufes el teléfono**. Si te preocupa terminar a cierta hora, te recomiendo que pongas tu móvil en modo vibración o utilices un temporizador o una alarma, pero colocándolo bajo un cojín para que el ruido repentino no te asuste demasiado. Las páginas 38-41 contienen recomendaciones sobre la postura.

A algunas personas les ayuda tener un diario de meditación para registrar sus experiencias, y hoy en día hay incluso aplicaciones que te permiten hacerlo.

Es fácil que la práctica del mindfulness acabe siendo otra más en tu lista de cosas por hacer, por lo que te sugiero que la **simplifiques y al principio te concentres en un solo ejercicio.** Es mejor hacer un ejercicio varias veces por semana, o cuando te acuerdes, antes de probar con uno nuevo. Felicítate a ti mismo por lo que consigas hacer, en vez de castigarte por lo que no hagas.

¿CÓMO PUEDE AYUDARNOS EL MINDFULNESS?

El cuerpo posee un sistema de alarma incorporado, llamado «reacción de estrés», con su «respuesta de calma» correspondiente. Conocido como el mecanismo de «lucha o huida», ha garantizado nuestra supervivencia evolutiva, pero, en demasiadas ocasiones hoy en día, se activa por situaciones de estrés diario en lugar de por asuntos de vida o muerte como pasaba con nuestros ancestros. Sin embargo, **el mindfulness puede ayudarnos a desactivar la reacción de estrés y a activar la respuesta de calma**.

Todos sufrimos de estrés, por lo que resulta útil entender lo que es y el papel que tiene en nuestras vidas. Es un tema complejo y la explicación que sigue está simplificada, pero hay muchos libros que puedes leer para entender mejor la reacción de estrés (ver páginas 204-207).

El cuerpo humano está diseñado para el estrés. **La efectividad de nuestra reacción de estrés ha garantizado nuestra supervivencia, por lo que nuestro estado por defecto es el de hipervigilancia.**

Puede que los «enemigos» a los que nos enfrentamos hoy en día sean diferentes a los de nuestros antepasados, los cazadores-recolectores, pero nuestra manera de procesar el peligro es la misma. De hecho, el mecanismo de lucha o huida lo opera la amígdala, una de las partes más primitivas de nuestro cerebro.

El cerebro procesa constantemente la información que recibimos a través de nuestros sentidos. Si percibimos algo o a alguien como una amenaza, el sistema de alarma corporal se activa al instante, preparándonos para luchar o huir, al derivar todos los recursos del cuerpo hacia la emergencia.

*** Se libera energía en forma de epinefrina (adrenalina), además de otras hormonas del estrés que activan los sistemas de emergencia del cuerpo para ayudarte a correr más rápido o a enfrentarte al peligro.**
*** El corazón se acelera y palpita tres o cuatro veces más rápido de lo normal para bombear sangre por todo el cuerpo lo más deprisa posible, para que los brazos y las piernas puedan funcionar de manera óptima a la hora de luchar o de correr.**
*** Las funciones corporales a largo plazo, como el crecimiento, la digestión y el sistema reproductivo, se detienen, utilizando la lógica de que, si la amenaza te mata, no necesitarás crecer, digerir o reproducirte.**
*** El cuerpo evacúa cualquier desecho, al ser este un peso extra, y se hace lo más ligero posible para facilitar la huida. Esa es la razón por la que cuando estamos estresados puede que tengamos que ir mucho al baño.**

Puede que sudes cuando estás estresado. Es porque se desvía sangre de la superficie del cuerpo para apoyar al corazón y los músculos y reducir la pérdida de sangre en caso de herida. También sientes mariposas en el estómago al cerrarse el sistema digestivo, y tu corazón late más rápido. Además, tus pupilas se dilatan para que veas mejor, el cuero cabelludo se tensa y parece ponerse de punta (tu vello corporal también), para que puedas sentir el peligro por la vibración; se te seca la boca al derivarse el fluido de zonas no esenciales, y, en algunas personas, la garganta entra en espasmo.

Mientras el cuerpo se prepara para la acción, el cerebro recopila información sobre la supuesta amenaza a través de los sentidos y en los centros superiores del cerebro, accediendo a los recuerdos y comparándola con experiencias previas similares, incluidas las de otros. Lo que encuentra determina si desactiva o mantiene la alerta. Si respondemos negativamente a la experiencia, decidirá que pasa algo malo y mantendrá nuestro cuerpo en alerta. Así, aunque **nuestros pensamientos y recuerdos tienen un papel importante a la hora de protegernos del peligro,** pueden jugar en nuestra contra al perpetuar una amenaza infundada.

Cuando el mecanismo de lucha o huida se activa sin necesidad repetidamente debido al estrés diario, las consecuencias pueden ser graves y nuestros sistemas corporales a largo plazo pueden volverse vulnerables a la enfermedad. Este aumento constante de la tensión eleva el riesgo de enfermedades vasculares: las hormonas del estrés afectan la actividad de la insulina, aumentando el riesgo de diabetes; nuestro sistema inmune puede sufrir problemas, y se interrumpen nuestra memoria y nuestros procesos mentales, por lo que operamos con menos eficacia. La presencia de cortisol, la hormona del estrés, puede causar daños a largo plazo al hiperactivar la amígdala, fomentando el miedo y la negatividad. Además, reduce la ramificación neuronal e inhibe el crecimiento de nuevas neuronas, por lo que **nos quedamos anclados en creencias antiguas y llenas de miedos**. Nuestro humor afecta a nuestra interpretación: si estamos desanimados es más probable que interpretemos algo neutral de modo negativo. El exceso de cortisol también hace que el área del cerebro que produce nuevas células neuronales se deteriore y muera. **El estrés crónico refuerza las redes negativas del cerebro** y debilita las positivas.

A menudo intentamos enfrentarnos a estas reacciones por medios artificiales, tales como el alcohol o la medicación, o trabajando aún más, lo que no hace sino perpetuar el círculo.

Sorprendentemente, quizá, **los pequeños estreses del día a día nos causan más daño a largo plazo** que los episodios puntuales de gran estrés. Cuanto más a menudo se activa la reacción de estrés, más posibilidades hay de que se reactive y menos de que el cuerpo se recupere. Entramos en un círculo vicioso constante.

Una vez activada la reacción de estrés, **la forma natural de deshacerse de las hormonas del estrés es por medio de la acción,** lo que para nuestros ancestros equivalía a luchar o a huir. Obviamente, la lucha física o la huida **no suelen ser una opción en nuestra vida diaria,** pero cualquier ejercicio como andar a buena marcha, correr o nadar puede conseguir el mismo resultado y devolver el equilibrio al cuerpo. Por desgracia, no siempre podemos hacer ejercicio cuando estamos estresados.

No obstante, **podemos activar la respuesta de calma por medio del mindfulness en cualquier lugar.** Si somos capaces de intervenir en el momento en el que el cerebro busca más información sobre la amenaza, podemos responder en vez de reaccionar, puesto que podemos contextualizar e interpretar mejor la situación. Podemos enfrentarnos a la amenaza como lo que realmente es, y, si se trata de una falsa alarma, la reacción de estrés se desactiva. Podemos hacerlo **prestando atención a lo que ocurre a nuestro alrededor,** notando las sensaciones físicas incómodas y desplazando así la atención de la amenaza y todas sus posibles consecuencias hacia una simple experiencia de la misma conforme ocurre. El mindfulness **rompe el ciclo de reflexión** que mantiene a la amígdala en alerta.

Practicar el mindfulness insensibiliza el estímulo del estrés, haciendo que el cuerpo vuelva a un estado de equilibrio en vez de seguir hipervigilante. **Las personas que practican el mindfulness no dejan de experimentar estrés, y, de hecho, puede que sientan sus emociones con más fuerza, pero tienen menos probabilidades de sentirse abrumadas** y más de recuperarse antes.

El estrés depende de cómo lo percibamos. Si cambiamos la forma de percibir, podemos cambiar nuestra respuesta. Por ello, el mindfulness **activa la respuesta de calma innata del cuerpo** y puede ayudarnos de otras formas.

Los estudios demuestran que, tras un curso de MBSR de ocho semanas, suceden cambios físicos en el cuerpo: se reduce la tensión, se fortalece el sistema inmunológico, y el cerebro incluso cambia la forma de procesar la información. Richard Davidson y sus colegas descubrieron que, tras un curso de MBSR, los participantes mostraban un marcado cambio en la actividad del cerebro en aquellas áreas que mejor manejan las emociones difíciles. Antes se creía que era algo fijo que apenas cambiaba durante la vida de la persona, pero Davidson demostró que en realidad **podemos influir y modificar nuestro cerebro para que funcione mejor.**

También existen beneficios mentales. **La mayoría de nosotros pasamos casi todo nuestro tiempo en nuestra mente y no en nuestro cuerpo.** Con ella resolvemos nuestros problemas y, aunque sea efectivo en la oficina o en casa, no podemos hacer lo mismo con nuestras emociones. Cuando lo intentamos, nos quedamos atrapados en un círculo vicioso de pensamiento, reviviendo los hechos una y otra vez inútilmente, lo que puede causar ansiedad o depresión.

A la vez, **no solemos ser conscientes de lo que ocurre en nuestro cuerpo.** No nos interesa, o bloqueamos a propósito sensaciones y emociones desagradables. A veces, una buena forma de enfrentar el dolor físico o psíquico es cancelarlo, pero muchas veces continuamos haciéndolo cuando la amenaza ya ha pasado. Nuestro cuerpo nos da información esencial sobre lo que sentimos física y emocionalmente. **Al estar más conectados con él, obtenemos más información sobre cómo nos afectan acontecimientos o situaciones concretas** y tenemos más posibilidades de percibir los primeros síntomas de una dolencia física o psíquica.

Al practicar el mindfulness, **centramos nuestra atención de forma consciente en nuestros pensamientos, emociones y sensaciones físicas conforme ocurren.** Notamos patrones habituales de pensamiento o comportamiento. Nos damos cuenta de las restricciones que nosotros mismos nos creamos. Vemos que estamos ausentes y que gran parte de nuestra vida pasa mientras seguimos atrapados en revivir el pasado o esperar un futuro mejor. Sin embargo, como dice Jon Kabat-Zinn, **el momento**

presente es el único que se puede cambiar. Y solo podemos hacer los cambios adecuados si somos verdaderamente conscientes de lo que experimentamos. El momento de conciencia que proporciona el mindfulness ofrece la oportunidad de **responder de forma diferente.** Crea el espacio suficiente para hacernos reconsiderar nuestra reacción habitual. Este pequeño cambio puede colocarnos en una dirección muy distinta, y nos brinda más posibilidades **de responder mejor**.

Cada vez hay más pruebas de los beneficios clínicos del MBSR y la MBCT, pero las ventajas son para todos, aunque no suframos dolor físico o emocional. Sufrir es parte de la vida. Todos experimentaremos tristeza, pérdida y muerte en algún momento, y muchos pasaremos por enfermedades y otros sucesos traumáticos. Hasta los acontecimientos felices, como las bodas o los nacimientos, pueden causar estrés. Pero **gran parte del estrés diario que afecta negativamente a nuestra salud, bienestar y relaciones personales se compone de repeticiones de pequeños sucesos:** perder el tren, olvidar una cita, perder trabajo al ordenador, herir a un ser querido con nuestras palabras, etc.

Si empezamos a **centrarnos en los momentos que componen cada día**, podemos hacer las cosas de forma diferente y mejorar paso a paso. Cuando despertamos a esos momentos, puede que experimentemos lo que Kabat-Zinn llama la «catástrofe completa» de la vida: lo alegre, lo doloroso, lo aburrido. Nos damos cuenta de que **la vida está en flujo constante** (como el tiempo atmosférico) y de que **siempre hay posibilidad de cambio.** Percibimos que los seres humanos sufren y que la vida suele ser difícil. La gente no siempre es feliz o tiene una vida idílica y perfecta, como nos hacen creer los medios.

Darnos cuenta de que no somos un fracaso solo por sentirnos infelices puede ser liberador.

Cuando hacemos ejercicios formales de meditación, como la meditación sentada, todas las emociones difíciles que experimentamos en el día a día (aburrimiento, inquietud, impaciencia, irritación, miedo y enfado) aparecerán en algún momento, además de otras positivas. **Los ejercicios formales nos ofrecen la oportunidad de practicar la convivencia con emociones difíciles en un espacio relativamente seguro,** permitiéndonos así afrontarlas de forma más efectiva cuando las experimentamos en nuestra vida diaria.

Conforme somos conscientes de nuestros pensamientos, nos damos cuenta de **cuánto de nuestra infelicidad obedece a las historias que nos contamos a nosotros mismos.** Por ejemplo, imagina que te golpeas el dedo con una bolsa que tu pareja ha dejado en el suelo. Experimentas dolor físico en el dedo al impactar contra

la bolsa. Ese es el primer dardo. Luego, si eres como la mayoría de nosotros, te quejarás de ello y antes de darte cuenta estarás acusándole de no quererte o respetarte, o castigándote por no sacar mejores notas / tener un trabajo mejor / tener una casa más grande, etc. Puede que te preguntes si te has roto el dedo y cuáles serían sus consecuencias. Esas historias son el segundo dardo. Sobre el primero, no podemos hacer nada: es sufrimiento físico. Pero sí podemos hacer algo sobre el segundo: ser **conscientes de esas historias y dejarlas ir.** Esa parte la podemos controlar.

Aprender a dejar ir no es fácil. Cuando ejercitamos vigilar nuestra respiración (o cualquier otro punto de atención, como un sonido o sensación), volvemos a llevar suavemente nuestra atención a la respiración cada vez que nos distraemos. Estamos ejercitando dejar ir ese pensamiento. Lo hacemos una y otra vez cada vez que realizamos el ejercicio, y, al hacerlo, practicamos dejar ir.

RECUERDA

Practicamos. Practicar implica repetir. Ejercitarse requiere tiempo y esfuerzo. El mindfulness no es un parche. Para experimentar un cambio transformador, debes hacer que **el mindfulness sea una parte integral de tu vida.** Aunque suene abrumador, recuérdate a ti mismo que **todo cambio sucede en pequeños pasos,** y al leer este libro ya has dado el primero. Al igual que el estrés surge a partir de pequeños acontecimientos, podemos **comenzar a deshacer sus efectos negativos con pequeñas acciones.**

¿QUIÉN PUEDE PRACTICAR EL MINDFULNESS?

Aunque, naturalmente, el mindfulness es más fuerte en algunas personas que en otras, esto también quiere decir que es inherente a todos nosotros y que puede ser cultivado, fortalecido y sostenido. El mindfulness puede beneficiar a todo el mundo, pero estas personas lo encontrarán particularmente útil:

* Los cuidadores. Cuando cuidamos de otros, resulta difícil encontrar tiempo para nosotros mismos. No obstante, nuestra responsabilidad primaria es para con nosotros mismos: así, cuidaremos mejor de otros.
* Aquellos con un historial de depresión, no solo un episodio en respuesta a un suceso concreto. El mindfulness no evita las recaídas, pero puede ayudar a identificar los síntomas antes y hacer que sean más breves y menos severas.
* Los que sufren de ansiedad, que sucede cuando nos quedamos en el pasado o nos preocupamos del futuro. Los «y si» y «si tan solo» pueden atarnos. El mindfulness pone el acento en el momento presente, lo que puede detener la espiral depresiva; centrarse en las sensaciones de tu cuerpo puede ayudarte a salir de un estado mental negativo.

* Los enfermos crónicos, a los que el mindfulness puede ayudar a vivir con la enfermedad en vez de ser consumidos por ella. Al darnos cuenta de los cambios en cuerpo y mente a cada momento, podemos usar mejor el tiempo e identificar cuándo es mejor descansar y recuperarse.
* Los que sufren dolor crónico o intermitente. Aumentamos nuestro sufrimiento con las historias que nos contamos a nosotros mismos sobre ese dolor, y tensamos el cuerpo para resistirlo, con lo que creamos más estrés y tensión en otras áreas. El mindfulness puede ayudarnos a situarnos cerca del dolor para familiarizarnos con sus características y darnos cuenta de nuestro relato para que así nos atrape menos. El dolor es presente, pero somos mucho más que dolor.
* Los estresados o sobrepasados. El mindfulness puede ayudar a desactivar la reacción de estrés (ver página 20).
* Aquellos que están atravesando un periodo de cambio en sus vidas. Los participantes suelen llegar al curso cuando algo ha cambiado en sus vidas: sus hijos se han ido de casa, o les han despedido, o han terminado una relación. Su día a día, aparentemente sólido, ha cambiado.
* Los que se dan cuenta de que les gustarían cambiar su vida en algo, aunque no sepan en qué. Estas personas no tienen ningún diagnóstico específico.

Practicar el mindfulness consiste en devolver el equilibrio a nuestras vidas, y todos podemos sacar algo de esto. Las personas sociables y ruidosas pueden aprender a controlar sus respuestas en público y a escuchar a los demás. Los más tímidos pueden aprender a hablar en voz alta y a ser escuchados. Otra persona puede perder peso porque se da cuenta de que come impulsivamente cuando está triste. Una consecuencia para mí fue que empecé a reciclar: antes de practicar el mindfulness, pensaba que no tenía sentido, pues mi pequeña contribución no iba a cambiar nada a escala global. **Cuando practicamos el mindfulness, nos damos cuenta de que hasta lo más pequeño tiene un efecto y cada pensamiento y acción tiene su consecuencia.** Podemos influir en lo próximo que va a ocurrir tomando decisiones deliberadas sobre cómo respondemos en el momento presente, y esto tiene implicaciones en cada aspecto de la vida, de lo personal a lo global.

Los principiantes suelen pensar que tienen demasiadas cosas en la cabeza para meditar. Una analogía budista común es la de la «mente de mono», llena de pensamientos que saltan de un tema a otro como los monos entre los árboles. Si queremos, **cualquiera de nosotros puede aprender a meditar**. La diversidad de ejercicios de meditación nos permite experimentar: por ejemplo, hay personas a las que el movimiento consciente les resulta más fácil que la meditación sentada cuando su mente está inquieta.

Hay muchas formas diferentes de practicar la meditación: algunas se basan solo en desarrollar la concentración, otras se valen de instrumentos como velas o música para centrarse. Otros ejercicios, como el taichí, el qi gong y el yoga, usan el movimiento, e incluso hay ejercicios de meditación con danza. Muchas órdenes budistas practican el mindfulness, y este forma parte de muchas de sus tradiciones. **Las distintas costumbres y métodos son diferentes puertas hacia el mismo espacio, así que experimenta para descubrir cuál te atrae más.**

Se puede practicar el mindfulness con cualquier edad. Los niños suelen ser más conscientes por naturaleza, puesto que viven en el momento presente, pero la escritora y educadora Susan Kaiser Greenland se lo enseña hasta a niños de cuatro años. No obstante, **la elección es una parte integral del mindfulness** y resulta contraproducente dirigir o forzar a alguien a practicarlo.

Nunca es demasiado tarde para comenzar, y, si dejas de practicarlo, siempre puedes comenzar de nuevo.

«Es importante ser consciente de que la mente siempre vagará. ¡A mí me tranquiliza escuchar a profesores de meditación que llevan practicándola más de cuarenta años decir que les pasa! Es lo que hace la mente. Cuando sucede, nos damos cuenta de adónde ha ido y la volvemos a llevar con cuidado al centro de atención (la respiración, el sonido o lo que sea). Lo hacemos una, dos, diez o diez mil veces, y ese es el ejercicio. Cada vez que nuestra mente vaga, tenemos la oportunidad de practicar el dejar ir y hacerla volver; Jon Kabat-Zinn lo compara con los ejercicios que se hacen en el gimnasio, pero ejercitando los músculos de la conciencia.»

IDEAS ERRÓNEAS COMUNES

A menudo a la gente le preocupa la meditación, o quizá ha oído poco sobre sus diferentes técnicas, por lo que es útil aclarar algunas ideas equivocadas comunes.

Al meditar no intentamos vaciar la mente, sino que **observamos nuestros pensamientos e identificamos patrones o historias comunes.** Por lo general, no somos conscientes de las historias que influyen en nuestras acciones y decisiones. **Al serlo, estamos mejor situados para descartar las que son inútiles** y fomentar deliberadamente las que no lo son.

No hace falta sentarse en la postura del loto para meditar. **No es la posición lo importante, sino la actitud mental con la que lo hacemos.** Si padeces una dolencia física que hace que te resulte difícil hacer el ejercicio como se sugiere, por ejemplo, tumbado en el suelo, no pasa nada si lo adaptas a tu situación. Consulta las páginas 38-41 para más información sobre la postura.

No es incompatible con la religión o las creencias religiosas. Muchas religiones practican distintas formas de meditación. Las descritas en este libro son completamente seculares, aunque a veces tienen sus raíces en la práctica budista.

No meditamos para relajarnos o para conseguir ningún estado mental concreto. Puede que meditar nos relaje, pero, si nuestro objetivo al meditar es relajarnos, vamos a fracasar y a decepcionarnos. Cuando meditamos nos abrimos a lo que surja. Todos los estados mentales y emociones aparecerán en un momento u otro (sobre todo cuando hacemos ejercicios formales) y eso nos ofrece la oportunidad de convivir con emociones difíciles en un entorno seguro. De esta forma, **podemos cultivar habilidades y ponerlas en práctica cuando surjan emociones difíciles**.

El mindfulness no consiste en pensar en positivo. No intentamos convencernos a nosotros mismos de que el mundo es maravilloso. Al contrario, **el mindfulness consiste en abrirse a toda experiencia: la buena, la mala y la neutral.** Todas merecen nuestra atención por igual. Debemos reconocer y experimentar tanto la oscuridad como la luz y todos los matices de gris entre ambas. Al abrirnos al espectro completo, comenzamos a ver cómo cambian las circunstancias, los estados mentales vienen y van como las mareas y nada queda fijo para siempre. **Siempre existe la opción del cambio, aunque sea pequeño.**

El mindfulness no es un parche ni una cura milagrosa. **Practicar la meditación mindfulness requiere compromiso y la voluntad de convivir con lo que surja,** y eso puede resultar todo un reto.

Cuando hablamos de «vivir el momento», no nos referimos a no pensar en el futuro. **Simplemente hablamos de prestar atención a nuestra experiencia conforme ocurre.** Al conocer (y reconocer) lo que está ocurriendo, podemos ocuparnos mejor de ello e influir en lo que suceda después.

ACTITUDES ÚTILES

La meditación es un proceso activo, e **incorporar cambios en tu vida requiere un compromiso intencionado por tu parte.** Nadie más puede hacerlo por ti, y tu actitud es importante. En ***Vivir con plenitud las crisis,*** Jon Kabat-Zinn enfatiza la importancia de las actitudes concretas que ayudan a cultivar y a construir la base de nuestra práctica del mindfulness.

RESULTA PARTICULARMENTE ÚTIL TENER EN CUENTA LAS SIGUIENTES ACTITUDES CUANDO HAGAS CUALQUIERA DE LOS EJERCICIOS DE ESTE LIBRO:

CURIOSIDAD Una de las mejores cosas de pasar tiempo con niños es ver el mundo a través de sus ojos, para los que todo es nuevo e interesante. Demasiadas veces miramos el mundo a través del rayado y borroso filtro de nuestras experiencias, lo que hace que solo veamos la mitad de las cosas y que a menudo esa imagen esté distorsionada u oscurecida. Cuando prestamos atención a nuestras experiencias con la curiosidad de un niño, como si las viéramos por primera vez, surgen todo tipo de posibilidades.

NO ESPERAR NADA Una de las paradojas de la meditación es que, si la hacemos con unas expectativas concretas, nos decepcionará. En cuanto nos marquemos una meta, nos encontraremos comprobando constantemente a cuánto estamos de ella. Es más útil recordarnos a nosotros mismos que la forma más fácil de ir de la A a la B es centrarse en estar aquí, en A.

CONFIANZA Es importante aprender a confiar en el proceso y dejar que se desarrolle. Al comenzar a conectar con tu cuerpo y prestar atención a la información que encuentres allí, accederás a tu sabiduría interior. **Confía en ti mismo y en tu intuición. Si algo no te hace sentir bien, no lo hagas.**

PACIENCIA El mindfulness no es rápido. Puede que no notes ni veas ninguna diferencia durante algún tiempo, y se tarda en desaprender los hábitos de toda una vida. No hay prisa, el trayecto es parte del aprendizaje.

NO JUZGAR Cuando comenzamos a prestar atención a nuestros pensamientos, lo primero que notamos es cuán a menudo juzgamos a otros y a nosotros mismos. Nuestros juicios influyen en todas nuestras interacciones y a menudo ejercitamos un nivel de maldad e incluso odio contra nosotros mismos que va mucho más allá de cómo trataríamos nunca a otra persona. No obstante, criticarnos por tener esa actitud es igual de inconveniente, por lo que lo mejor es ser conscientes de ello, tener compasión y volver al centro de atención. Practicar la bondad es tan importante como practicar el mindfulness: el segundo no existe sin la primera.

ACEPTACIÓN No quiere decir resignación pasiva, sino **ver las cosas como realmente son en vez de como quisiéramos que fueran.**

DEJAR IR Quiere decir abandonar la necesidad de arreglar o cambiar las cosas a como quieres que sean. **Dejar que las cosas sean como son es una forma de aceptación**.

También ayuda que te recuerdes a ti mismo que ¡no hace falta que lo disfrutes! El mindfulness puede hacer que nuestras experiencias sean más intensas y vívidas, pero una mayor conciencia de nosotros mismos también puede hacernos más conscientes de las dificultades en nuestras vidas. No forzarnos a disfrutar de los ejercicios puede cambiar las cosas.

Además, resulta útil pensar en tus ejercicios como un experimento en el que tú eres el sujeto. Aporta tu curiosidad: ¿qué notas si haces una cosa u otra? **Tus ejercicios son un proceso de descubrimiento y de exploración, no uno de juicio y evaluación.**

POSTURA

Ninguno de los ejercicios de este libro requiere que te retuerzas como un *pretzel*. Los ejercicios sentados pueden llevarse a cabo en una silla recta de la cocina o comedor, o en el suelo. Puede que tengas agujetas o algo de dolor cuando te sientas, y esta es **una oportunidad de practicar la convivencia con esas sensaciones incómodas,** pero no hace falta que experimentes dolor al sentarte. Por tanto, **prueba diferentes posiciones y soportes.** Incluso puedes practicar la meditación «sentada» tumbado boca arriba si te va mejor. Lo más importante es que **escuches a tu cuerpo y hagas los ajustes necesarios a la postura sugerida.** La actitud es más importante que la postura en sí.

SENTADO EN UNA SILLA

Si estás sentado en una silla de la cocina o del comedor, dóblate hacia delante y, tocándote los dedos de los pies (o hasta donde llegues), desliza los glúteos hasta el respaldo de la silla e incorpórate de nuevo. Ahora estarás sentado en posición recta, aunque sin apoyos. **Si te es necesario, puedes poner un cojín bajo los riñones, pero evita recostarte.** Tus dos pies deben estar firmes en el suelo (puedes usar un cojín como apoyo). Puede que te resulte útil elevar las patas de atrás de la silla 2,5 cm con ayuda de unas cuñas de madera o un libro. Esto ayuda a colocar la pelvis de manera correcta.

SENTADO EN EL SUELO

Te puedes sentar con las piernas cruzadas o arrodillarte en el suelo. En cualquier caso, **tus caderas han de estar más altas que tus rodillas,** por lo que puede que necesites varios cojines o unos libros grandes para conseguirlo. Si no tocas el suelo con las rodillas, es posible que quieras apoyarlas sobre cojines, mantas dobladas o almohadas.

Si prefieres arrodillarte, siéntate sobre los talones y apoya tus glúteos en un cojín o un banco de meditación. **Prueba distintas cosas, pues la altura del apoyo puede influir mucho**. Cuando consigas la altura y posición correctas, te encontrarás cómodo y en equilibrio.

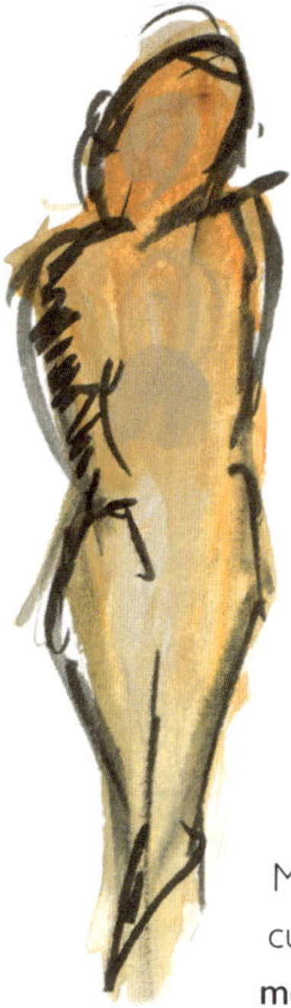

Estés sentado en una silla, en un taburete o en el suelo, **debes tener tus extremidades inferiores apoyadas y en contacto con el suelo.** Hay que separar la parte superior del cuerpo de la cintura (resulta útil imaginarse un hilo de seda que empieza en la base de la columna, atraviesa la espalda y el cuello y sale por la nuca. Si se tirara de la cuerda, tu torso se despegaría poco a poco de la cintura y tu barbilla se contraería). Buscamos una **postura alerta y recta, pero relajada.**

Tus manos deben estar apoyadas y relajadas (júntalas en tu regazo con suavidad, o coloca las palmas, hacia abajo o hacia arriba, sobre las rodillas). Puedes tener los ojos abiertos o cerrados; si están abiertos, intenta mirar hacia delante y hacia abajo, suavemente y sin fijar la mirada. Cerrar los ojos puede ser una forma de profundizar en tu ejercicio, pero experimenta y explora las diferencias por ti mismo.

DE PIE

Muchos de los ejercicios informales de este libro pueden hacerse cuando estés fuera. Aunque **no es necesario adoptar una actitud de meditación obvia,** puede ayudarte a conseguir una posición estable y firme. Así que, por ejemplo, en vez de recostarte contra la parada del autobús, quédate de pie y distribuye el peso entre tus pies por igual.

SER CONSCIENTE

Nuestro estado mental interno a menudo refleja nuestra postura externa: si nuestro cuerpo está encogido, sentiremos nuestra mente contraída y en tensión. Fíjate en cómo estás sentado. ¿Cómo te sientes emocionalmente? Prueba a cambiar tu postura y sé consciente de los cambios.

OBJETOS DE CASA PARA AYUDARTE:

Cuando te sientes en el suelo, usa un cojín o almohada, bien para levantar tus glúteos y que estén por encima de tus caderas, bien para apoyar las rodillas. El cojín debe ser lo más firme posible, y puede que necesites varios. Si empiezas a sentarte en el suelo regularmente, quizá quieras comprar un cojín de meditación (zafu) o un banco.

Apila varios libros si necesitas altura extra al sentarte en un banco de meditación o en el suelo, o para apoyar los pies cuando te sientes en una silla.

Una esterilla de yoga, una toalla o una manta son útiles si te tumbas en el suelo. La temperatura corporal puede bajar bastante al estar quietos, por lo que es útil tener a mano un chal o una manta por si tienes frío.

capítulo 2

CONECTA CON TU CUERPO

La mayoría de nosotros pasa más tiempo en nuestra cabeza que en nuestro cuerpo. Por desgracia, **no es posible salir de los problemas emocionales a base de pensar; de hecho, puede que nos sintamos peor.** Los ejercicios de esta sección te ayudarán a recuperar el equilibrio.

Al conectar con nuestro cuerpo de manera regular, obtenemos información valiosa sobre nuestro bienestar emocional y físico. Estos ejercicios te ayudarán a mejorar la concentración y te darán la oportunidad de practicar dirigir la respiración hacia diferentes partes del cuerpo. Poner **el acento en la respiración te permitirá empezar a usarla como ancla.** Cuando tu mente vague (y lo hará), puedes usar la respiración para volver a tu cuerpo y al momento presente.

Centrarse de forma intencionada en algo que solemos evitar puede liberar emociones intensas, así que, si te sientes abrumado en algún momento, haz una pausa. Puedes volver a ello en otra ocasión. Estamos aprendiendo a **creer en nuestra sabiduría interior y a escuchar a nuestro cuerpo;** por ello, si en algún momento algo no te resulta apropiado, no lo hagas. Existe un nivel aceptable de incomodidad al sentarse, como sentir picor, pero no deberías tolerar el dolor en ningún momento (si es necesario, cambia de posición), **y sigue siempre cualquier indicación médica que hayas recibido.**

EL MINDFULNESS DE LA RESPIRACIÓN

Centrarse en la respiración es una fantástica manera de empezar si nunca has meditado. Las instrucciones son simples: presta atención a tu respiración.

Experimenta conectando con tu respiración cuando te acuerdes, en distintos momentos del día (nadie más sabrá que lo estás haciendo). Si te gustaría hacer ejercicios más formales, reserva cinco minutos para sentarte en silencio y prestar atención a tu respiración. Poco a poco, alarga el tiempo, pero recuerda que **la calidad de la atención es más importante que la cantidad de tiempo que te sientes.** Encontrarás más meditaciones basadas en la respiración en las páginas 146-151.

la calidad de la atención es más importante que la cantidad de tiempo

Pruébalo

Puede que te ayude elegir una parte del cuerpo donde sientas la respiración con más fuerza: el estómago, el pecho, los orificios nasales o los labios, y situar allí tu atención al hacer los ejercicios. Si te resulta difícil elegir un lugar, puedes ponerte la mano en el estómago o en el pecho para sentir la respiración.

Después, nota la sensación de respirar, que es diferente a la de pensar en la respiración. Lo que hacemos es sentir la expansión del pecho y el estómago al inspirar... y la contracción de ambos al espirar.

RECUERDA

Seguiremos el ritmo de cada inspiración y espiración. Cuando nuestra mente vague (y lo hará), la llevaremos suavemente de vuelta a la respiración y continuaremos.

LIMPIA EL CUERPO CON LA RESPIRACIÓN

Este simple ejercicio es una forma de escanear tu cuerpo. La manera más fácil de hacerlo es tumbados, pero también puedes sentarte o recostarte. Al realizarlo, **aprendemos a centrarnos en la respiración y a dirigirla hacia el cuerpo y a través de él,** además de adquirir mayor conciencia de nuestro cuerpo.

Pruébalo

Centra tu atención en la respiración y en la parte del cuerpo donde más la sientas (quizá sea el estómago, el pecho, alrededor de los labios o de las fosas nasales)... permanece en la experiencia de la respiración... inspira... espira... siente las sensaciones al respirar... dejando que la respiración respire sola... dejando ir cualquier necesidad de dirigir o manipular la respiración... inspirando... y espirando... apoyado en la superficie sobre la que estés tumbado... descansando con la respiración... inspirando... y espirando...

Ahora, prestando atención a tu respiración, imagina que se desliza por todo el cuerpo... inspirando por la coronilla... llenando de respiración el cuerpo... y espirando por las plantas de los pies...

Luego, respira por las plantas de los pies... dejando que el cuerpo se llene de respiración... de vida... de energía... y espirando por la coronilla...

Continua haciendo este ejercicio, recorriendo el cuerpo con la respiración e inspirando y espirando de arriba abajo.

LA MANO

En este ejercicio, prestamos atención a la mano (la parte del cuerpo que acaricia, toca, agarra, etc.) y **reflexionamos sobre lo que hace por nosotros a cada momento, día tras día y año tras año.**

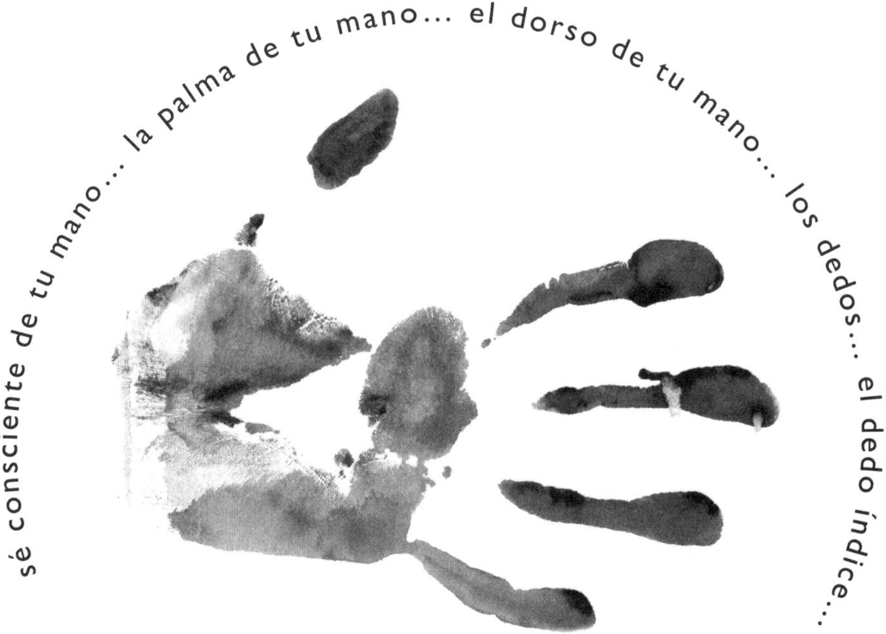

Pruébalo

Préstale atención a una de tus manos. En tu mente, sé consciente de la mano… la palma de tu mano… el dorso de tu mano… los dedos… el dedo índice… el cordial… el anular… el meñique… el gordo. Sé consciente del largo de cada dedo… nota los espacios entre ellos… en tu mente, sé consciente de la uña del dedo gordo… y luego de las demás.

No buscamos ninguna sensación en particular, y puede que no tengas ninguna: si es ese el caso, esa es tu experiencia.

Mueve poco a poco cada uno de tus dedos. Experimenta con estirar y doblar el dedo… sentir cómo se estira… notar la contracción…

¿Qué se siente al juntar un dedo con el pulgar? ¿Qué notas? Frótalos uno contra otro con suavidad… sepáralos y júntalos de nuevo… sé consciente de la sensación del tacto. Juega a mover, ajustar, doblar, estirar los diferentes dedos de la mano. Muévelos por separado, muévelos juntos…

Después, extiende tu conciencia a toda la mano. Empieza por rotar la mano por la muñeca… primero hacia un lado y luego hacia el otro… girando… nota el límite de tu giro… regresa… repitiendo el movimiento.

Lo que hagas hoy puede ser diferente de lo que hiciste ayer o de lo que hagas mañana. Ahora solo nos interesa la mano: lo que puede hacer, su sensación.

LA CARA

Lo mejor es hacer este ejercicio en casa o en un lugar donde no te molesten. Puedes hacerlo sentado o tumbado. El objetivo es **practicar la conexión con tu cuerpo,** centrando tu atención y tu respiración a una zona en particular.

Pruébalo

Cierra los ojos (si te sientes bien así) y centra tu atención en tu cara... sé consciente de ella... explora sus límites... dónde empieza y dónde acaba...

Después, empieza a centrar tu atención en partes concretas de la cara... la mandíbula... los labios... la boca... el interior de la boca... la lengua... los dientes... la nariz... Nota tus ojos... los globos oculares descansando en las cuencas del cráneo... protegidos por los párpados... siente el peso de los ojos apoyados...

Ahora, céntrate en la frente y las sienes... la oreja izquierda... la oreja derecha... el cuero cabelludo... en tu mente, masajea el cuero cabelludo, siendo consciente.

Mantén un interés activo todo el tiempo, y la curiosidad sobre tu cara y sus características... la cara exactamente como es ahora mismo... dejando ir cualquier necesidad o deseo de adoptar una determinada expresión o pose... Nota si surge alguna crítica, y, si sucede, simplemente nota que «te estás juzgando» antes de devolver tu atención a la cara con bondad y gentileza.

Simplemente permanece en tu experiencia, sea la que sea.

ASIÉNTATE EN TU CUERPO

Este ejercicio lo encontré en el libro *Sanación emocional con meditación mindfulness*, de la psicoterapeuta Barbara Miller Fishman, pero además es parte del Yoga Nidra (un escáner corporal que ayuda a conseguir un estado de sueño profundo durante el yoga). Es un ejercicio corto que se hace mejor tumbado. A mí me resulta una **forma particularmente rápida de conectar con mi cuerpo** si no puedo dormir porque mi mente está activa. En este escáner, nos movemos por el cuerpo en secciones.

Me ayuda tener en mente una imagen visual de un cuerpo estirado e **imaginarlo siendo dividido en diferentes partes** (¡yo siempre pienso en un mago cortando por la mitad a su ayudante!). Suelo hacer este ejercicio tumbada porque si estoy sentada me cuesta más visualizarlo, pero prueba a ver qué te funciona a ti. No importa el orden, y siempre puedes **saltarte secciones si quieres acortar el ejercicio**, o repetirlo un par de veces si prefieres alargarlo.

Pruébalo

Tumbado, con los pies estirados y separados y los brazos a los lados… los ojos cerrados si te resulta cómodo… sé consciente del lado derecho del cuerpo… del lado derecho desde la parte superior de la cabeza hasta la punta del pie derecho… incluido el brazo derecho… sé consciente del lado derecho del cuerpo… quédate en ello unos momentos.

Ahora, deja el lado derecho del cuerpo y céntrate en el lado izquierdo… todo él, desde la parte superior de la cabeza hasta la punta del pie izquierdo… sé consciente del lado izquierdo del cuerpo… quédate en ello unos momentos.

Luego, sé consciente de la mitad superior del cuerpo… nota el torso, de cintura para arriba y hasta la parte superior de la cabeza… incluidos los dos brazos… sé consciente de la mitad superior del cuerpo… quédate en ello unos momentos.

Luego, deja la mitad superior del cuerpo y pon atención a la mitad inferior… sé consciente de la zona bajo la cintura… incluidas las dos piernas… notando la mitad inferior del cuerpo… quédate en ello unos momentos.

Ahora, sé consciente de la parte frontal del cuerpo… en tu mente, piensa en la parte delantera del cuerpo…

la cara…el pecho… la parte delantera de los brazos… el estómago… la parte delantera de los muslos… las rodillas… las espinillas… la parte delantera de los pies… nota toda la parte frontal del cuerpo… quédate en ello unos momentos.

Luego, deja la parte frontal del cuerpo y dirige tu atención a la posterior… la parte trasera de la cabeza… la nuca… los hombros… la parte superior de la espalda… la parte central… y la parte inferior… los glúteos… la parte trasera de los muslos… los gemelos… los talones… sé consciente de la parte posterior del cuerpo… quédate en ello unos momentos.

Ahora, lleva tu atención a todo el cuerpo tumbado… el cuerpo entero… la suma de todas las partes… sean como sean… sé consciente de tu cuerpo entero…

Un ejercicio corto que funciona mejor tumbado

DESPLAZA TU ATENCIÓN POR TU CUERPO

Puede pensarse en nuestra atención como en una linterna que podemos girar hacia un lado para obtener un haz de luz concreto y claro, o hacia el otro para obtener un haz más difuso y amplio. **En la meditación mindfulness alternamos un centro de atención concreto, como una parte concreta del cuerpo, o un foco singular, como un sonido, con la apertura de nuestra conciencia al cuerpo entero o a aquello que entre en nuestra esfera de atención.** Es importante cultivar ambos tipos.

Pruébalo

Puedes practicar la ampliación y reducción de tu foco de atención con este ejercicio centrado en el cuerpo, que da mejores resultados en casa o allí donde no te molesten. Si te centras solo en tu mano, por ejemplo, puedes hacerlo sentado. Pero si vas a practicar con todo el cuerpo, te recomiendo que te tumbes para sentirte cómodo, con calidez y apoyo.

Puedes hacer el ejercicio tan corto o tan largo como quieras. Un ejemplo de ejercicio corto sería este:

Comienza colocando tu atención en un dedo del pie, mantenlo en tu mente... deja ahí tu atención... nota cualquier sensación que aparezca (o la ausencia de ella). El proceso de conexión es importante.

Después, amplia tu atención a todos los dedos de un pie... muestra curiosidad por cada uno y cómo está en ese momento... luego, por la planta del pie... el talón... el peso del talón y el pie tocando la superficie.

En cada ocasión, centra la atención en ese parte específica del cuerpo, y, si tu mente vaga (lo que es muy probable), vuelve a llevarla al centro de atención... Y después amplíala y experimenta la sensación del pie entero... mantén el pie en tu mente y sé consciente de él, nota si tienes alguna sensación física o no… alguna sensación térmica… cualquier sensación interna…. o externa, como una brisa o un tejido que toca tu piel. Si quieres, puedes dirigir la respiración al pie, inspirando y espirando por él, como si respirara él mismo.

Puedes convertirlo en un ejercicio más largo si comienzas con los dedos de un pie, te mueves por las diferentes zonas y eres consciente de todo el pie… luego, deja ir el pie y comienza a moverte hacia arriba, por las diferentes partes de toda la pierna, incluido el pie, siendo consciente de ello, quizá inspirando y espirando.

Después, pasa a la otra pierna, el torso (por delante y por detrás), los brazos, el cuello y la cabeza, y por último todo el cuerpo.

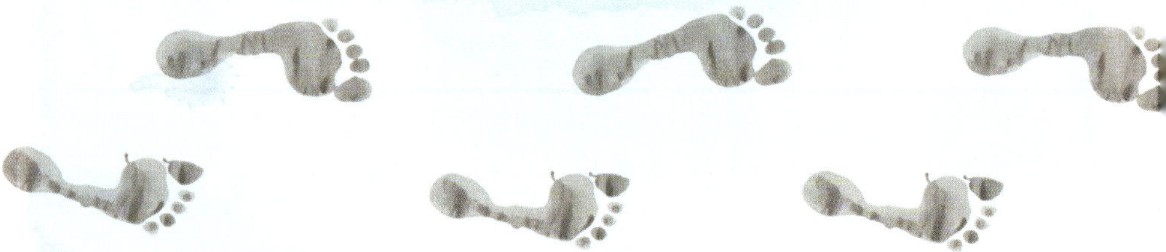

ÁLZATE COMO UNA MONTAÑA

La postura de la montaña es una pose tradicional de yoga y una manera rápida de «sentarse mentalmente», es decir, de conseguir un estado de atención relajada pero alerta. La pose **es en contacto con la tierra a través de los pies, pero con la sensación de elevar la parte superior del cuerpo y la cabeza.**

Suelo hacer este ejercicio cuando espero al autobús o al tren, o cuando estoy en una cola, pues es **una buena forma de ejercitar la conexión con el cuerpo en cualquier momento.** También te ayudará a centrarte si estás preocupado o ansioso, por ejemplo antes de una entrevista o cuando esperas en la consulta del médico o del dentista.

La postura de la montaña también puede usarse como «puntuación» o pausa entre ejercicios de movimiento, como el yoga o andar. Puede hacerse en cualquier momento y lugar, y **nadie tiene por qué notar que lo estás haciendo.**

Si estás de pie firmemente, te sentirás más estable físicamente; sentir el contacto con el suelo te sacará de tu mente y te colocará en tu cuerpo.

CONSEJO *La gente tiende a hacer la anchura de las caderas demasiado grande o demasiado pequeña. Para encontrar tu anchura correcta, colócate con los pies en paralelo y juntos. Ahora, sin mover los talones, desplaza tus dedos hacia fuera hasta que alcancen la posición de las «dos menos diez». Tras ello, coloca los talones en línea con los dedos.*

Si estás de pie firmemente, te sentirás más estable físicamente

Pruébalo

Ponte de pie con cuidado, con los pies en paralelo y a la altura de las caderas, sin tensar las rodillas. Puede que te ayude inspirar y espirar profundamente, y, al espirar, relajar las rodillas un poco.

Con los brazos relajados, imagina un hilo de seda que empieza en la base de tu columna, pasa por la espalda y la nuca y sale por la coronilla… Imagina que alguien tira del hilo y se produce un pequeño cambio, la sensación de que la coronilla se eleva hacia el cielo y la barbilla se relaja.

Puedes ampliar el ejercicio escaneando todo el cuerpo, empezando quizá por los pies, notando las plantas en contacto con la tierra… los dedos… ¿Están relajados o en tensión? Vigila cómo están sin la sensación de querer o necesitar que el cuerpo esté en ningún estado en particular… escanea los pies, los tobillos… las pantorrillas… nota las rodillas… los muslos, y sube hacia el torso…

Ahora, sé consciente de la pelvis, el estómago, la parte baja de la espalda… muévete por la columna hasta notar los hombros… llega al pecho… sigue hasta el cuello y la cara, el cuero cabelludo, toda la cabeza…

Permanece erguido, centrado, conectado, en estado de atención alerta…

Ver también POSTURA DE LA MONTAÑA, PÁGS. 161-162

EJERCICIO DE MOVIMIENTO DE PIE

La postura de la montaña (ver págs. 57-59) es el elemento central de este ejercicio de movimiento de pie. Empezamos en esa postura y terminamos con ella, además de regresar a ella al final de cada movimiento. Al alternar la postura de la montaña con el movimiento, notaremos **el efecto que este tiene en el cuerpo, además de las diferencias y similitudes entre el movimiento y la quietud**.

Los ejercicios de movimiento son una oportunidad de **familiarizarnos más con nuestro cuerpo,** en particular en este momento en concreto. Será diferente de ayer y de mañana. Reconocer estas diferencias es importante. En los ejercicios de movimiento consciente, prestamos atención a las sensaciones físicas y **mostramos curiosidad por lo que sucede en el cuerpo cuando nos movemos.** Puede que notemos que surgen pensamientos o emociones y podemos catalogarlos antes de volver al cuerpo. Puede que pasemos de uno a otro todo el tiempo, y ese es el ejercicio. Lo más importante al hacer el movimiento consciente es **escuchar a tu cuerpo y reconocer sus limitaciones.** Experimentar con el «filo» de la resistencia, pero no rebasarlo bajo ningún concepto.

Pruébalo

Puedes hacer los siguientes ejercicios como posturas individuales o juntarlos en una secuencia, dependiendo del tiempo que tengas disponible.

ENCUENTRA TU CENTRO

Comienza en la postura de la montaña (ver págs. 57-59), con los brazos a los lados del cuerpo, las rodillas relajadas, y llevando tu atención a los pies. Sé consciente de cómo tus pies conectan con la tierra… centrados… apoyados…

En conexión sólida con la tierra, comienza a inclinarte hacia delante ligeramente desde los tobillos… volviendo al centro… repitiéndolo… explorando cada vez el punto donde te caes hacia delante (yo lo llamo «el filo» del balanceo hacia delante). Si te hace falta, da un paso hacia delante para mantener el equilibrio.

Ahora, si te sientes bien, empieza a explorar «el filo» del balanceo hacia atrás. Sin olvidar que son movimientos muy pequeños, balancéate hacia delante, con la parte inferior de las piernas y los pies bien apoyados… después, balancéate hacia atrás… entre medias, céntrate…

Después, haz lo mismo pero explorando «el filo del balanceo hacia los lados»…

Vuelve siempre al centro… quédate quieto un segundo o dos en esta posición y explora la sensación de estar centrado. Experimenta con el grado de movimiento… al principio pequeño…. después más grande… y después más y más pequeño hasta quedarte quieto.

A lo largo del ejercicio, nota lo que ocurre con tu respiración… nota que los músculos de tu cuerpo se tensan y se relajan.

Puedes hacer algo parecido, usando solo la parte superior del cuerpo, cuando te sientes, meciéndote de un lado a otro antes de quedarte en el centro.

ESTÍRATE Y DÓBLATE HACIA UN LADO

Comienza en la postura de la montaña y después, desplazando tu peso hacia el lado izquierdo del cuerpo, la siguiente vez que inspires, deja que el brazo derecho flote hacia delante. Permítele llegar tan lejos como quiera siguiendo la inspiración, y, cuando pases a la espiración, relaja el cuerpo, pero mantén el brazo derecho levantado, mientras sientes que el hombro desciende.

En la siguiente inspiración… alza el brazo derecho hacia el cielo y siente cómo se estira todo tu cuerpo; cuando espires, dobla el brazo derecho por encima de la cabeza… mantén el cuerpo estirado, como si estuvieras entre dos cristales paralelos. Quédate en esta posición una o dos respiraciones, y nota lo que ocurre cuando inspiras y espiras… sé consciente de los pensamientos y emociones que surgen… pero haz que tu atención vuelva constantemente a tu cuerpo.

Ahora, en la siguiente inspiración, levanta el brazo derecho hacia el cielo de nuevo. Espira mientras relajas el hombro para volver a inspirar… cuando espires, deja que el brazo flote de nuevo hacia el lateral. Permanece en la postura de la montaña una o dos respiraciones y nota lo que ocurre en tu cuerpo antes de hacer toda la secuencia de nuevo con el otro lado.

POSTURA DE EQUILIBRIO

A partir de la postura de la montaña, mueve tu peso hacia un lado, levantando el pie opuesto entre 2,5 y 5 cm. Si te ayuda, puedes apoyar el pie que has levantado contra la otra pierna. No pasa nada por hacer esta postura contra una pared para ayudar al equilibrio. También es útil encontrar un punto estático directamente en frente y mirarlo fijamente. Experimenta con la posición de tus brazos; puedes estirarlos a cada lado, colocarlos en las caderas o juntar las palmas hacia delante.

Mientras mantienes el equilibrio con una pierna, nota cuánto movimiento haces para mantenerte quieto… cómo el equilibrio requiere ajustar constantemente la postura a menudo puesto que dejamos caer un pie.

Vuelve a la postura de la montaña con ambos pies plantados firmemente en el suelo. Luego, cambia de pierna y haz la postura hacia el otro lado. Termina con la postura de la montaña.

GIRA

Empezando en la postura de la montaña, con los pies en paralelo, las rodillas relajadas y las caderas hacia delante, comienza a girar la cintura hacia un lado. Asegúrate de mantener las caderas y las rodillas hacia delante, aunque eso implique que no puedas girar tanto. Puedes cruzar los brazos uno encima de otro y conducir el movimiento con el codo, manteniendo la mirada fija en el extremo del hombro. Después, vuelve al centro… repítelo en la dirección opuesta… de nuevo, asegúrate de mantener las caderas y las rodillas hacia delante.

Puedes convertir este movimiento en dinámico si lo coordinas con la respiración (prueba a hacer el movimiento al inspirar o al espirar, y nota la diferencia).

Hazlo lentamente unas cuantas veces, pero después, si quieres, suelta los brazos de forma que cuelguen a los lados y comienza a moverlos de un lado a otro, más y más rápido… mantén las rodillas relajadas y hacia delante… pero deja que los brazos golpeen suavemente la parte baja de la espalda al girar la cintura hacia un lado y hacia el otro.

PARA TERMINAR

Al final de un ejercicio de movimiento, quédate en la postura de la montaña por un momento y, si quieres, escanea el cuerpo de nuevo como hiciste al principio, antes de centrarte en la respiración uno o dos minutos.

EJERCICIO DE MOVIMIENTO SENTADO

Este ejercicio corto de movimiento puede hacerse sentado en la oficina o en una silla firme de la cocina o del comedor. Puedes hacerlo entero o solo una parte.

En todos los ejercicios de movimiento consciente, **notamos sensaciones físicas y sentimos curiosidad por lo que ocurre cuando nos movemos.** Puede que notemos que surgen pensamientos y emociones, y podemos clasificarlos antes de volver a poner la atención en nuestro cuerpo. Nos movemos de los primeros al segundo y viceversa durante todo el ejercicio: de eso se trata. **Lo más importante al hacer movimientos conscientes es escuchar al cuerpo y respetar sus limitaciones.** Experimenta con «el filo» si quieres, pero no lo rebases bajo ningún concepto. No competimos con nosotros mismos ni contra otros.

« *Los ejercicios de movimiento son una oportunidad de familiarizarse con el cuerpo, sobre todo en ese mismo momento. Será diferente de ayer o de mañana. Es importante reconocer esas diferencias.* »

Pruébalo

Empieza con los pies firmes en el suelo, dóblate hacia delante hasta que te toques los dedos de los pies, apretando los glúteos contra el respaldo de la silla, e incorpórate otra vez. Ahora deberías estar sentado en posición recta.

Pruébalo con los ojos abiertos y/o cerrados.

CABEZA Y CUELLO

Mirando hacia delante (imagina que hay un hilo de seda que recorre la columna, nuca y cabeza, y del que se tira suavemente haciendo que la coronilla se eleve y la barbilla se retraiga), inspira y, al empezar a espirar, gira la cabeza despacio hacia la derecha... vuelve al centro al inspirar... y, al espirar, gira la cabeza hacia la izquierda... inspirando al volver al centro. Repítelo tres veces.

Desplaza tu atención hacia tu oreja derecha, sé consciente de ella, y después déjala flotar hacia el hombro. No se espera que la oreja llegue a él. Siente cómo se estira el lado opuesto de cuello, vuelve al centro y repítelo con el lado izquierdo.

(No hace falta usar el hombro, por lo que, si sientes que se tensa o eleva, haz una pausa, inspira y espira varias veces y deja que el hombro vuelva a flotar hacia abajo).

Mirando al frente (recuerda el hilo de seda), imagina que la coronilla es muy pesada y deja que caiga hacia delante despacio... deja caer la cabeza, con los ojos cerrados...hacia el pecho, mientras inspiras y espiras... notando la sensación de contracción y de expansión. Cuando sientas que has llegado todo lo lejos que quieres, haz una pausa en esa posición, inspirando y espirando varias veces, antes de incorporarte tan despacio como te inclinaste antes.

Con la cabeza relajada y centrada, imagina que tienes una mancha de pintura en la punta de la nariz y que hay un panel de cristal o una pared justo delante tuyo. Comienza a pintar círculos pequeños con la nariz… prueba a ir despacio y luego más rápido, y experimenta con el tamaño del círculo, pero siendo siempre consciente de lo que te resulta cómodo y sin hacer movimientos bruscos. Cambia de dirección.

HOMBROS Y PECHO

Sentado erguido en la silla, elevándote desde la cintura, entrelaza las manos por detrás de la espalda y sepáralas del cuerpo… estíralas… siente cómo los omóplatos se juntan y el pecho se abre. Relájalos y repítelo.

Acercando las yemas de los dedos a los hombros y desplazando tu atención hacia los codos, muévelos despacio hacia delante, juntándolos y luego separándolos… en la misma posición, con los dedos en los hombros… mueve los codos en círculos pequeños y suaves, primero hacia un lado y luego hacia el otro.

Sentado erguido, con las manos entrelazadas en la parte posterior de la cabeza y las caderas, rodillas y pies en ángulo recto y mirando hacia delante, gira la cintura hacia un lado, y luego vuelve y gira hacia el otro. Puedes hacer una pausa allí donde creas que has llegado tan lejos como puedes e inspirar... y espirar... notando la experiencia. Repítelo tres veces.

De nuevo, asegúrate de que estás sentado erguido y pega los codos a las costillas, con los antebrazos y las mandos directamente enfrente y las palmas hacia arriba. Sin despegar los codos, espira moviendo las manos hacia afuera... llega hasta donde puedas sin mover los codos (puede que no sea muy lejos)... siente cómo se estira y se abre el pecho, regresa al inspirar y repite. Repítelo tres veces.

Sentado erguido, esta vez con las manos en las caderas, intenta juntar los codos por detrás (pero no esperes que lo hagan), siente cómo los omóplatos se acercan, siente cómo se abre el pecho... repítelo tres veces.

MANOS

Muchos de nosotros pasamos una cantidad desproporcionada de tiempo enfrente del teclado, ya sea por trabajo o por ocio. Ejercita las manos y los dedos de modo regular para contrarrestar esos efectos negativos.

Levanta la mano derecha, dejando la muñeca muerta. Permite que la muñeca y la mano se queden colgando y sin fuerza... puedes agitar la muñeca suavemente para que caiga vertical, pesada.

Comienza a mover cada dedo, como si estuvieran haciendo una mini ola… doblándolos hacia la palma y volviéndolos a extender… hazlo despacio y rápido… experimenta con esas diferencias (por ahora, no te centres en el dedo gordo).

Luego, estira el dedo gordo todo lo que puedas y vuelve a doblarlo… repítelo varias veces.

Ahora, desplaza la atención de vuelta a la muñeca y comienza a rotarla en una dirección y luego en la otra… tanto como puedas, pero siendo consciente de las limitaciones de tu cuerpo. No hay un objetivo concreto.
Repite la secuencia con la mano opuesta.

POR ÚLTIMO, SIÉNTATE Y RESPIRA, SIENDO CONSCIENTE DE TODO TU CUERPO.

CULTIVA LA CONCIENCIA CORPORAL

Desviar nuestra atención de forma intencionada hacia nuestra experiencia física es una forma de desarrollar la conciencia corporal, ejercitar la convivencia con las sensaciones físicas y **cultivar una actitud de curiosidad e interés por la experiencia corporal.** Si practicamos de modo regular, nos resultará más fácil **centrarnos en el cuerpo cuando tengamos emociones negativas o la mente bloqueada.**

La acción de darnos cuenta de lo que ocurre en el cuerpo utiliza la misma «autopista» neuronal que la cavilación, por lo que **centrar nuestra atención en el cuerpo es una manera de cambiar de marcha de forma intencionada, alejándonos de la mente y de nuestros pensamientos**.

Si lo hacemos de modo regular, nos familiarizaremos con nuestro cuerpo, lo que es «normal» para nosotros, y nos resultará más fácil identificar los desequilibrios o cambios a tiempo.

«Cultiva una actitud de curiosidad»

Pruébalo

Encuentra un lugar tranquilo, donde nadie te moleste, y siéntate de la forma más cómoda para ti (ver págs. 39-40).

Tómate unos momentos para asentarte. Ajusta tu posición y asegúrate de que la parte inferior de tu cuerpo esté conectada firmemente con el suelo o con la silla y, a la vez, elévate desde la cintura, con la coronilla elevada hacia el cielo y la barbilla recogida. Debes sentirte alerta, pero relajado.

Empieza por centrar tu atención en la respiración. Concéntrate en la parte del cuerpo donde sientas que respiras más fuerte y quédate ahí… sigue el ritmo de cada inspiración… nota la pausa cuando esta se transforma en espiración… y quédate en ella. Continúa durante algunos minutos, experimentando la sensación de respirar, sea como sea en estos momentos. Si surgen juicios de valor, admite su presencia y lleva de nuevo con firmeza la atención a tu respiración.

Nota si la respiración es profunda o superficial, rápida o lenta, pero deja ir la necesidad de respirar de una forma en concreto. Solo permítete respirar sin intentar cambiarla (aunque puede que lo haga, y no pasa nada)… simplemente muestra curiosidad por tu respiración en ese momento.

Después de un rato, expande tu conciencia a todo tu cuerpo. Sé consciente de los puntos de contacto con el suelo (las plantas de los pies, o los glúteos)… nota las sensación de peso, contacto, dureza, suavidad, textura… Puedes escanear tu cuerpo de los pies a la coronilla. ¿Qué notas?

Ahora, permanece en esa conciencia corporal. Puede que seas muy consciente de la respiración, o de las sensaciones físicas que surgen con la respiración de fondo.

Las actitudes que intentamos cultivar son la curiosidad, el interés y la amabilidad. Explora el cuerpo como si fuera un amigo nuevo al que quieres conocer mejor. ¿Qué estás descubriendo hoy?

Si una sensación concreta empieza a llamar tu atención, esto es lo que puedes hacer:

* Puedes centrar de forma intencionada en esa sensación y explorarla... ¿Cómo es? ¿Dónde está exactamente? ¿Cambia o es constante? ¿Cómo la describirías: punzante, de comezón, martilleante...? Si fuera un color, ¿cuál sería? ¿Qué pasa cuando le prestas atención? Recoge información sobre la experiencia, en lugar de analizarla.

* Puedes desviar la atención hacia tu respiración, usándola como ancla. Cada vez que las sensaciones físicas te distraigan, vuelve a tu respiración (puedes hacerlo una y otra vez).

* Puedes dirigir la respiración a la zona de malestar e imaginar que inspiras y espiras por ella.

* Puedes decidir cambiar de posición, pero hazlo conscientemente, en vez de reaccionar a la sensación física de forma automática. Cuando necesites moverte, hazlo intencionadamente y presta atención al proceso de moverte y colocarte en otra posición.

RECUERDA

Nunca aguantes el dolor. **Podemos practicar la convivencia con el malestar,** pero con amabilidad y compasión. Es posible que **permanezcamos con una sensación incómoda** un segundo o dos, pero también que poco a poco consigamos convivir con ella durante más tiempo sin reaccionar.

Trabaja al ritmo adecuado para ti: **lo que hagamos hoy puede ser diferente de lo que hicimos ayer** o de lo que haremos mañana. Ejercita «la mente del principiante» y sé consciente de lo que existe, en lugar de lo que creemos que debería existir o de lo que deseamos que existiera.

Cuando sientas la necesidad de moverte y terminar los ejercicios, explórala: ¿sientes una sensación en el cuerpo? Juega a **experimentar con el impulso sin responder a sus exigencias.** ¿Cómo te sientes?

Cuando quieras terminar, toma una decisión intencionada y **acaba centrándote por unos momentos en tu respiración** antes de expandir tu conciencia a todo tu cuerpo y a lo que te rodea.

CAMINA SIN RUMBO

Cuando caminamos, solemos hacerlo con un objetivo: puede que saquemos al perro, que vayamos al trabajo o que llevemos a los niños al colegio. Sea cual sea el motivo, **no solemos caminar por el placer de caminar**.

Los ejercicios de caminar son una forma de moverse de la mente al cuerpo, y una buena opción si estás demasiado inquieto o ansioso como para estar sentado. Además, si te sientes soñoliento, tienes más posibilidades de permanecer despierto si caminas que si te sientas.

A menudo, cuando andamos en nuestro día a día, vamos de la A a la B con el piloto automático puesto. Por ello, en los ejercicios de caminar tendemos a **caminar lentamente, para recordarnos a nosotros mismos que estamos haciendo algo diferente.** No es que los ejercicios de caminar sean sagrados, sino que es más fácil estar presente cuando cambiamos la forma en que caminamos normalmente.

Puedes hacer este ejercicio en casa o fuera, en un lugar privado donde nadie te vea. Solemos hacer este ejercicio en un círculo, puesto que ello enfatiza que **caminamos sin ningún destino en mente,** pero también puedes hacerlo en un óvalo alargado si no tienes mucho espacio. **Hacer este ejercicio descalzo puede ayudar a incrementar la sensación de conexión entre los pies y el suelo**.

Pruébalo

Comienza en la postura de la montaña (ver págs. 57-59), con los pies paralelos, a la altura de las caderas. Puedes tener los brazos relajados a los lados, o cruzarlos o entrelazarlos por delante o por detrás. Mantén los ojos abiertos.

Siente cómo tus pies conectan con el suelo, el peso del cuerpo sostenido... conecta con la respiración... sé consciente de estar de pie...

Después, prestando atención a cada pie (no importa por cuál empieces), desplaza tu peso a la pierna opuesta mientras levantas lentamente el talón del suelo. Siente la transición del peso... al levantar el pie... moverlo... y volver a bajarlo... nota el movimiento, la sensación de peso, la experiencia del pie tocando el suelo...

Sé consciente de las diferentes partes del cuerpo que son parte del proceso de poner un pie delante de otro...

Después, desplaza tu atención al otro pie y repite el proceso... levantar... mover... bajar (puedes repetirte estas palabras en silencio si te ayuda).

Cada vez que tu mente vague, vuelve a centrarla en tus pies. Es probable que tengas que hacerlo una y otra vez, y no pasa nada por ello.

Cuando te detengas, adopta la postura de la montaña durante unos momentos, y, si quieres, escanea el cuerpo y nota cómo está entonces.

Camina despacio para recordarte a ti mismo que estás haciendo algo diferente

capítulo 3

CULTIVA EL BIENESTAR

Todos queremos ser felices, pero a menudo confundimos la felicidad con una ráfaga de emoción. **El bienestar es más bien una sensación de satisfacción, paz y conexión con un lugar y con los demás.** Podemos sentir la conexión con el mundo y con las personas que nos rodean aunque padezcamos una enfermedad o experimentemos dificultades.

Los ejercicios de esta sección **se centran en prestar atención a las actividades normales de nuestro día a día,** tales como ducharse o lavar los platos. Son el tipo de actividades que hacemos repetidamente, lo que hace que se mezclen unas con otras y pierdan su identidad individual. A menudo, vamos con el piloto automático puesto hasta el punto de que no recordamos habernos levantado y haber salido por la puerta. De esta forma, nos perdemos los momentos que componen nuestra vida, y, así, estos desaparecen para siempre. **Al prestar atención a estas actividades regulares, podemos recuperar los minutos que perdemos cada día** y conectar más profundamente con nuestra vida.

Además, podemos volver a conectar con el mundo que nos rodea al ser conscientes del cielo, la tierra bajo nuestros pies y la gente a nuestro alrededor. Al mirar más allá de nosotros mismos, **podemos ampliar la perspectiva sobre nuestra propia vida y sobre nuestro lugar en el planeta.**

COME CONSCIENTEMENTE

Cuando era pequeña, solía comer muy despacio. Pero esto cambió al ir a un internado; allí, si querías repetir tenías que ser rápido, y **las comidas eran el momento de socializarse,** no de saborear lo que estuvieras comiendo. El resultado fue que **pronto me acostumbré a comer rápido, sin prestar atención a la comida.**

El estómago tarda unos 20 minutos en comunicarle al cerebro que estamos llenos, por lo que, si comemos demasiado rápido, el mensaje llega demasiado tarde. Además, **si comemos rápido, no saboreamos la comida porque no pasa el**

Comer conscientemente nos recuerda que la meditación es algo cotidiano

suficiente tiempo en nuestra boca, por lo que no podemos apreciar las texturas y los cambios de sabor. Esto también sucede cuando comemos a la vez que hacemos otras actividades, como hablar o ver la televisión.

Comer conscientemente también nos recuerda lo cotidiana que puede ser la meditación: es accesible a todos nosotros.

Pruébalo

Es mejor comer conscientemente en silencio, aunque también puede hacerse acompañado, siempre y cuando los demás también lo estén. Mantenerlo durante el ejercicio nos recuerda que estamos haciendo algo de forma diferente: en este caso, que estamos comiendo de un modo inusual para nosotros. El silencio es como un botón de encendido. Sin las interrupciones que causa hablar y escuchar, prestamos atención a lo que comemos y, al hacerlo, ralentizamos nuestra actividad. Notamos que el cuerpo reacciona, anticipando la siguiente cucharada. Masticamos, en vez de tragar automáticamente. Puede que sintamos el estómago expandirse y llenarse. Hacemos una pausa entre bocados. Somos conscientes de la textura crujiente de la zanahoria, de la jugosidad del tomate, del sabor delicado de ciertas especias, y picante de otras. Somos conscientes de lo que comemos.

SÉ CURIOSO Y EXPLORA AL COMER:

* **¿Qué ves?**
* **¿Qué hueles?**
* **¿Qué sientes?**
* **¿Qué oyes?**
* **¿Qué saboreas?**

Al **empezar a ser conscientes de lo que comemos,** empezamos a tomar decisiones deliberadas. Si nos **centramos en saborear la comida,** queremos que sepa lo mejor posible. Comenzamos **a notar cómo nos sentimos después de ciertos alimentos** y gravitamos naturalmente hacia los que nos dan energía en lugar de aletargarnos. Además, **nos volvemos conscientes del punto en el que elegimos:** este momento hace que podamos detenernos y **tomar una decisión consciente sobre lo que vamos a comer,** en vez de comer sin pensar.

Céntrate en saborear la comida...

sé consciente del punto de elección...

BEBE TÉ

A menudo, cuando **hacemos una pausa para sentarnos a tomar una taza de té o un café,** no se convierte en el intervalo pacífico que esperábamos, sino en una oportunidad para pensar en todo lo que tenemos que hacer, o para recordar algo con lo que nos han herido o hemos herido a otros.

El profesor de meditación vietnamita Thich Nhat Hahn sugiere **que bebamos té para beber té** (o, por supuesto, cualquier otra bebida).

Pruébalo

Siéntate con tu taza de té. Explóralo con los sentidos… siente el calor de la taza en tus manos… bébete el olor de las hojas (puedes probar a usar infusiones)… nota el color del líquido… quizá una hoja de té flotando…

Comienza a ser consciente del movimiento al acercarte la taza a los labios, nota cualquier respuesta física por adelantado… experimenta el sabor… sé consciente de si exhalas una exclamación de placer o te da un escalofrío de desagrado (recuerda que no buscamos una experiencia en concreto, sino permanecer en la experiencia en la que estemos)…

Cuando tu mente vague (y lo hará), sé consciente de hacia dónde ha ido, y regresa con suavidad y paciencia al cuerpo y a sus sensaciones.

BEBÉ TÉ DE VERDAD.

¿CON QUIÉN TE DUCHAS?

La mayoría de nosotros **pasa la mayor parte del tiempo pensando en el pasado o en el futuro,** sin prestar atención al presente. Repasar permanentemente tu lista de cosas que hacer, o preocuparte por las que cosas que podrías haber hecho diferente, **hace que el cuerpo se mantenga en un estado de vigilancia constante y, a veces, de ansiedad.**

céntrate en la sensación física de ducharte...

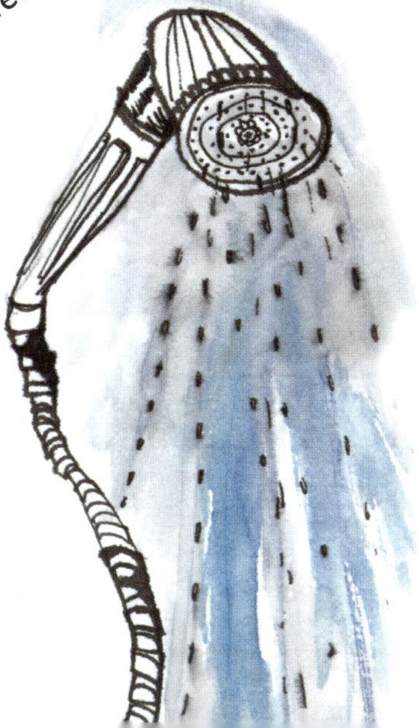

el agua que corre por tu piel...

la temperatura del agua...

Pruébalo

Cuando te duches por la mañana, tómate unos momentos para notar quién más «está ahí»... En quién piensas (puede que sea tu jefe,tus compañeros de trabajo, alguien a quien vas a ver más tarde o alguien con quien hablaste ayer). A lo mejor es tu pareja, tus hijos, tus padres, tu vecino... ¿Cuánta gente hay en la ducha contigo?

Entonces, céntrate en la sensación física de ducharte... el agua que corre por tu piel... la temperatura del agua... el jabón creando espuma entre tus dedos. Nota cuándo experimentas placer y cuándo desagrado. No hay una manera correcta de ducharse, y, ya estemos usándola para despertarnos por la mañana, lavándonos el pelo o refrescándonos tras un día caluroso, todo lo que debemos hacer es prestar atención a la acción de ducharnos.

CONSEJO Identificar quién suele aparecer en la ducha puede ayudarte a saber sobre qué estás preocupado en determinadas épocas.

LAVAR LOS PLATOS PARA LAVAR LOS PLATOS

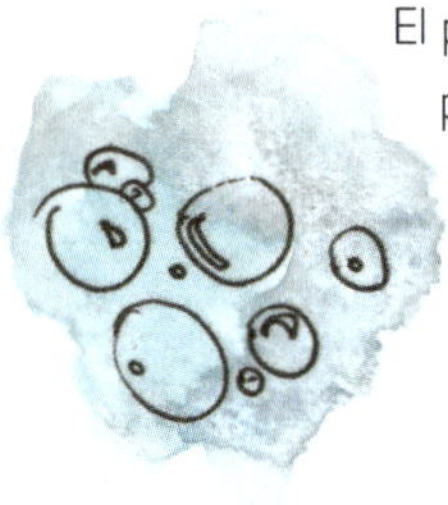

El profesor de meditación Thich Nhat Hahn define «lavar los platos para lavar los platos», es decir, **hacer una actividad que puede parecer aburrida y prestarle toda tu atención.** Thich Nhat Hahn dice que muchas veces lavamos los platos corriendo solo para alcanzar el resultado (platos limpios) y quizá después recompensamos a nosotros mismos con una taza de té. Pero, al sentarnos a beberlo, lo hacemos sin disfrutar, puesto que **ya hemos desplazado nuestra atención hacia lo siguiente.**

Cuando nos centramos en lo que estamos haciendo, solemos descubrir su interés. Yo me he dado cuenta, además, de que la forma con la que afronto la actividad influye en la relación que tengo con ella. Si me obligo a hacer algo, me siento resentida y me resisto a ello. Pero si **tomo la decisión consciente de hacer una actividad** (aunque no sea algo que quiera hacer), adopto una perspectiva diferente **y lo que ocurre a continuación se ve afectado por ese cambio.**

« *Puedes incorporar una conciencia intencionada parecida a las actividades que haces regularmente sin prestar atención (por ejemplo, lavarte los dientes, vestirte, afeitarte, etc.). Cuando has hecho estas actividades demasiadas veces, pierdes el interés en ellas y «desconectas». Para romper este hábito, hazlas de forma diferente. Puedes hacerlas más despacio o cambiar tu rutina; por ejemplo, si sueles comenzar a lavarte los dientes por delante, prueba a empezar por detrás (¡tu dentista te lo agradecerá!). Usa tus sentidos para explorar la actividad. No hace falta que utilices mucho más tiempo de lo que harías normalmente, pero, al hacerlo de forma diferente, puedes recuperar los minutos que pierdes cada día y horas de tu vida.* »

Pruébalo

Elige una actividad doméstica que te resulte aburrida.
Puede ser lavar los platos o sacar la basura… o cualquier cosa parecida.

Tómate un momento para prestar atención a lo que sientes…
¿Alguna sensación en tu cuerpo? ¿Algo de rigidez o tensión?
¿Qué pensamientos están presentes? ¿Surge alguna emoción?
Nota aquello que se presente y acéptalo diciendo mentalmente: «Te veo».

Después, toma la decisión intencionada de hacer la actividad elegida aunque no quieras, y reconoce la decisión que estás tomando, aunque no esperes disfrutar.

Luego, haz la actividad… siempre prestando atención a las sensaciones corporales.
Nota cualquier emoción y cualquier historia que te cuentes a ti mismo.

Cuando notes la sensación de querer estar en otro lugar o de hacer otra cosa, vuelve a ese momento y a esa actividad. No hace falta que lo disfrutes, simplemente tienes que estar presente.

Por último, reflexiona sobre tu experiencia.

DEPORTES Y ACTIVIDADES DE OCIO

Muchos deportistas utilizan **el mindfulness,** puesto que les ayuda a **concentrarse y a centrar su atención.** Yo he introducido el mindfulness en muchos aspectos de mi vida, y **las recompensas siempre han sido inesperadas.** Lo que sigue es un ejemplo que ilustra sus beneficios, además de proporcionar directrices para incorporar el mindfulness a un deporte, aunque estos principios pueden aplicarse a cualquier actividad de ocio.

CORRER

Yo empecé a correr tras leer el libro de Danny Dreyer, *El correr Chi,* y me di cuenta de que podía utilizar **el mindfulness para convertir correr en un ejercicio de meditación.** *El correr Chi* se centra en el cuerpo y en su postura; notamos la alineación corporal y la modificamos para evitar lesiones (lo que, por cierto, también aumenta la velocidad). **Se pone el énfasis en el proceso gradual** y en empezar donde estás ahora (aunque no sea donde quieras estar). Aunque sea relativamente principiante (y vaya despacio), ahora adoro correr. Me encanta la sensación de comunidad que recibo al correr por Hyde Park en Londres y ver las mismas caras de vez en cuando; la ciudad deja de ser anónima. **Me siento conectada con ella:** paso las tropas reales de camino al cambio de guardia, los turistas que se rascan la cabeza intentando entender un mapa, los corredores de maratón entrenando. Me encanta sentir el clima en la cara y experimentar el cambio de estaciones. Adoro ver de lo que es capaz mi cuerpo y, aunque voy despacio, trabajo en «el filo» de mis habilidades y **reconozco que cada día que corro es diferente del anterior.** He aprendido la importancia de escuchar a mi cuerpo y evitar el riesgo de lesión.

Pruébalo

Prestar atención a tu experiencia significa prestar atención a lo que surja en términos de sensaciones, pensamientos y emociones. ¿Cómo haces tu actividad elegida? ¿Estás siendo muy duro contigo mismo porque no corres lo suficientemente rápido o porque te has saltado un punto y no has conseguido una obra de arte? ¿Qué emociones surgen al hacer esta actividad? ¿Qué siente tu cuerpo? Muestra curiosidad por tu experiencia.

Cuando hacemos cualquier actividad conscientemente, dejamos ir nuestro apego a un objetivo en particular y, en vez de ello, nos centramos en el proceso. Paradójicamente, agobiarnos menos a nosotros mismos en términos de conseguir un objetivo concreto nos relaja, por lo que tenemos una experiencia diferente, con resultados más favorables. Quizá lo más significativo es que tendremos una experiencia enriquecedora y seremos más conscientes de lo que ocurre en nuestro cuerpo, lo que es útil para la técnica y la prevención de lesiones.

« *¿Por qué no experimentas? Puedes hacer la actividad que elijas normalmente un día, y hacerla conscientemente otro. Reflexiona y apunta tus experiencias en ambas ocasiones. ¿Qué aprendes de tus observaciones?* »

PREPARA LA COMIDA

Prestar atención a la comida al prepararla es **una forma de transformar esa tarea en una experiencia sensorial. Es mejor hacer este ejercicio con alimentos frescos que apelen a los sentidos** (la vista y el olor), como los ingredientes de la ensalada.

Pruébalo

Puedes empezar el ejercicio cuando estés haciendo la compra y eligiendo los ingredientes para la ensalada. Nota los colores de los vegetales y la fruta, apilados unos junto a otros. Separa los diferentes olores… por ejemplo, siente el punto característico de las hierbas frescas. Toca las diferentes texturas. Nota cualquier sensación que indique «Mmmm, me gustan…», en oposición a una sensación de resistencia o de aversión a comidas que te gustan menos como «Puaj… no me gustan», siendo consciente de la sensación física de estos diferentes estados en vez de juzgar si son buenos o malos.

Cuando estés listo para preparar la comida, centra toda tu atención en lo que estás haciendo. Apaga la televisión o la radio y evita hablar con otros.

Mientras troceas, cortas, o haces rebanadas, abre los sentidos a la experiencia. Cuando tu mente vague, sé consciente de hacia dónde ha ido y tráela de vuelta.

Prepara la comida como una obra de arte… mezcla colores, texturas, sabores y olores.

DESPUÉS, SIÉNTATE, COME Y DISFRUTA.

DA LAS GRACIAS

Ser consciente de todo lo bueno que hay en nuestras vidas es una forma de cultivar los pensamientos positivos sobre tu bienestar. Podemos **dar las gracias a aquellos que nos han influido positivamente,** como padres, profesores y amigos, además de doctores y enfermeras, alguien que te ayudó a encontrar algo en la tienda y el extraño que te ayudó a situarte cuando estabas perdido. Este ejercicio es una **forma de conectar con las personas** (conocidas o desconocidas) que te han ayudado y que merecen tu agradecimiento.

Pruébalo

Puedes hacer este ejercicio en un lugar privado, o en el tren o autobús. Siéntate cómodamente y piensa en alguien a quien te gustaría darle las gracias. Es posible que hayan hecho algo concreto por ti, o que te hayan apoyado o tenido un impacto en tu vida de alguna forma. Imagínate a esa persona y, abriendo tu corazón, mándale amabilidad y agradecimiento, mientras admites tu gratitud por su presencia en tu vida. Puedes inventar tus propias frases o utilizar algunas como:

«Gracias», «Gracias por… (complétalo tú)» o «Gracias por ser parte de mi vida».

Después, piensa en otra persona y haz lo mismo. Extiende el ejercicio a todas las personas que quieras, dependiendo del tiempo que tengas.

Utiliza un Diario de Gratitud y anota en él cada noche una lista simple y específica de todas aquellas cosas o personas por las que das las gracias ese día. Puede convertirse en un ejercicio poderoso que nos conecte con las pequeñas cosas de nuestra vida por las que podemos dar las gracias.

CIELO AMPLIO

Cuando era pequeña, me tumbaba en la hierba y **observaba el cielo y las nubes moviéndose.** Sentía el contacto con la tierra (su calidez), así como la rugosidad de la hierba en mi piel. Recuerdo **experimentar una conexión con la tierra, pero, a la vez, sentir la amplitud del cielo y del universo más allá.**

Pruébalo

Siéntate, quédate de pie o túmbate en algún lugar donde tengas buenas vistas del cielo (no importa que haya edificios o árboles a los lados). Tómate unos minutos para centrarte y sentir la conexión con la tierra a través de los pies, glúteos y cualquier otro punto de contacto. Sé consciente de la sensación de apoyo.

Dirige tu mirada hacia el cielo, abre tu visión para recibir aquello que pase por delante de ella… nubes… aviones… estelas… pájaros… nota si la mente vaga y, si lo hace, tráela de nuevo a la sensación de conexión con la tierra y de amplitud del cielo. Ábrete al cielo… ese que continúa infinitamente por tierra y mar, países y continentes… ese cielo no tiene fronteras. A la vez, intenta mantener la sensación constante de conexión con la tierra.

ÁBRETE AL UNIVERSO

En un mundo lleno de polución nocturna, hay pocas oportunidades de **apreciar la amplitud de una noche verdaderamente oscura.** Las fronteras de nuestro mundo, a veces, nos dan una sensación de pequeñez. Las luces que delimitan los barrios resaltan las diferencias y establecen fronteras, enfatizando los límites de nuestro mundo.

Pruébalo

Para conectar con un mundo más amplio, aprovecha cualquier oportunidad que tengas de sentarte o, todavía mejor, de tumbarte en el suelo y mirar directamente hacia el cielo nocturno.

Siente la tierra debajo de ti… apoyándote y sosteniéndote… inspira… espira… permítete ser apoyado y sostenido… conectado con la tierra… a salvo… pero a la vez girando en la amplitud.

Inspira… espira… expande tu conciencia hacia cualquier cosa que veas… las luces de un avión… un satélite intermitente… deja ir cualquier historia o pensamiento que te surja en torno a ellos.

Inspira… espira… Expande tu conciencia más allá e incluye a las estrellas… los planetas… las galaxias… inspira… espira… Empápate del espacio y su noche oscura… báñate en la luz de las estrellas.

Inspira… espira… Siente la tierra debajo de ti…
respira con la tierra… inspira… espira…
conecta con el suelo… conecta a través del tiempo…
conecta a través de la galaxia… conecta con el universo…
sé uno con la tierra.

«VE - DIBUJA»

En mi experiencia, **existen muchos vínculos entre el dibujo y la meditación.** Para dibujar con precisión, hace falta ver lo que realmente hay (no lo que creemos que hay), tienes que prestar atención al sujeto y observar de verdad. Y **cuanto más observas, más ves.** Si te deshaces de la mente crítica, puedes acceder a un estado en el que **el dibujo se hace a sí mismo** y no hay sensación de «yo», sino de **líneas y formas relacionadas entre sí.** Rápidamente, nos damos cuenta de que **todo**, aunque parezca insignificante a primera vista, **merece nuestro interés**, y al «ver - dibujar», todo adquiere belleza propia.

Pruébalo

Para este ejercicio de dibujo ciego de contornos, desarrollado por Kimon Nicolaides, no te hace falta saber dibujar. Toma lápiz y papel y encuentra algo que dibujar (un pañuelo arrugado, una pluma, una flor compleja; cuanto más complicado sea, mejor).

Colócate de forma que el papel esté en la mesa y tu mano sobre él, pero con tu cabeza girada mirando el objeto que vas a dibujar, sea lo que sea.

Empieza por mirar el objeto, deteniendo la vista en su contorno, y, muy despacio, mueve tus ojos por él mientras mueves el lápiz. No lo levantes del papel. No te preocupes de lo que hace el lápiz y no te gires para ver el dibujo.

Continua todo el tiempo que puedas (mínimo cinco minutos; si quieres, puedes poner un temporizador), pero, cuanto más tiempo, mejor. No gires la cabeza para mirar; mueve los ojos y la mano despacio, como si fueras una hormiga, y siente el movimiento hacia arriba y hacia abajo y los giros del contorno.

No tengas miedo de hacerlo demasiado despacio. Al seguir tus ojos el contorno, el lápiz se irá moviendo. Cuando termines, tu «dibujo» no se parecerá nada al objeto, pero habrás tenido la experiencia de verlo de una forma totalmente diferente.

Pruébalo

Este segundo ejercicio de «ver - dibujar» es parecido al primero, pero en esta ocasión vamos a desplazar la atención del papel al objeto y viceversa.

Empieza con un objeto simple, como una hoja. Adopta tu posición de dibujar, sostén el objeto con la mano y obsérvalo. Míralo y pon tu atención en él. Tras unos minutos, colócalo sobre el papel, cierra los ojos y visualízalo. Toma el lápiz y prepárate para empezar a dibujar mientras imaginas el objeto en tu mente.

Abre los ojos y vuelve a mirar el objeto. Mira y observa, y comienza a mover el lápiz mientras mueves los ojos. Tu lápiz es la extensión de tus sentidos: se mueve como si tocaras el objeto, siguiendo su contorno, entrando en sus recovecos, retorciéndose por él.

Solo dibuja lo que ven tus ojos. No hagas caso a cualquier juicio de valor sobre lo que dibujas. Cuando tu atención vague, detente. Mueve el lápiz solo cuando tu atención se esté moviendo por el objeto.

CONVIVE CON LO BUENO

Nuestro mecanismo de supervivencia evolutiva está diseñado para recordar malas experiencias que sirvan como advertencia para el futuro y descartar las positivas, pues no cumplen ese propósito. **Además, a muchos de nosotros nos encanta pensar en blanco y negro. Somos catastrofistas:** decimos «He tenido un día horrible», aunque **la realidad de cada día se compone de una multitud de experiencias:** positivas, negativas y neutrales. Si comenzamos a **prestar atención y a ser conscientes,** sobre todo cuando tenemos una **experiencia positiva,** y convivimos con esa experiencia dos o tres segundos, nuestra memoria la «almacenará» en vez de olvidarla. Una ventaja adicional es que, al ser conscientes de una experiencia positiva, nuestra vida se enriquece.

Pruébalo

Esfuérzate por ser consciente de cualquier experiencia agradable que tengas hoy. Serán sobre todo cosas pequeñas, como notar el olor limpio del aire al salir de un espacio viciado, oír reír a un niño o tu canción favorita, ver colores dispuestos de una bonita manera, etc. Para cada uno de nosotros, será diferente.

Cuando seas consciente de una experiencia agradable, nota primero qué sientes en tu cuerpo. ¿Lo notas contraído y en tensión, o distendido y abierto? Si tuvieras que describirlo, ¿qué palabras o imágenes utilizarías? ¿Qué pensamientos tienes? ¿Qué emociones están presentes?

Recuerda, no intentamos creer experiencias positivas. Simplemente prestamos atención a cualquiera de las experiencias agradables que ocurren cotidianamente y que solemos olvidar de inmediato.

TODO LO BUENO EN MÍ

Culturalmente, solemos centrarnos en nuestros problemas: lo que no podemos hacer, lo que queremos mejorar o cambiar, etc. **¿Y si probáramos algo muy diferente y, de forma intencionada, fuéramos conscientes de lo que nos va bien?**

Puedes hacer este ejercicio tan largo o corto como tú quieras. Es posible hacerlo sentado, tumbado o incluso andando.

Pruébalo

Tómate unos momentos para centrarte en la sensación de respirar, conectar con el suelo bajo tus pies o glúteos… conectar con todo tu cuerpo.

Comienza por las cosas más obvias, aquellas que damos por sentado: los pies que nos llevan, las manos, el oído, el sentido del gusto.

Puede que te ayude escanear tu cuerpo… comenzar por los pies y moverse hacia arriba, haciéndolo todo lo general o lo detallado que tú quieras.

Mientras centras tu atención en cada parte de tu cuerpo, nota cualquier pensamiento o emoción que surja. Aunque el funcionamiento del cuerpo no sea en absoluto perfecto, o su apariencia no sea la que deseas, sé consciente de lo que puedes hacer con él, por poco que sea.

Empieza siempre por las cosas más sencillas que puedes hacer, como las habilidades esenciales que usas cada día. Por medio de este ejercicio, nos abrimos a la posibilidad de reconocer que **hay muchas cosas que van bien o, cuando menos, normal en nuestras vidas,** incluso cuando experimentamos dificultades.

capítulo 4

TOMA CONTACTO

La meditación suele percibirse como algo solitario. Sin embargo, **practicar la meditación mindfulness puede ayudar mucho a mejorar las relaciones** con tu familia, tus amigos o tus compañeros de trabajo. El mindfulness nos ayuda a **ver más claramente nuestros patrones de comportamiento y pensamiento**, y, una vez que los hemos visto y somos conscientes de ellos, **estamos mejor situados para cambiarlos.** Por eso, tomarnos el tiempo de practicar las habilidades que nos ayudarán a ser menos reactivos y más receptivos, menos distraídos y más presentes, beneficia a aquellos con los que tenemos contacto.

Los ejercicios de esta sección se centran en cultivar mejores relaciones: con otras personas, con nuestro alrededor y, lo más importante, con nosotros mismos. **Si no podemos tener compasión y amabilidad con nosotros mismos, ¿cómo podemos tenerla con otros?** Los ejercicios de amabilidad de las páginas 28-39 ayudan a restablecer el equilibrio.

Constantemente nos relacionamos con otros, ya sean seres queridos o extraños con los que nos cruzamos por la calle, por lo que **merece la pena reflexionar sobre el efecto que tiene cada interacción**, que, además, afecta a su vez a muchas otras personas. Por medio de los ejercicios de mindfulness, **podemos hacer que nuestras interacciones tengan un efecto más positivo** en nosotros mismos y en los demás.

TÚ Y TU BEBÉ

Practicar el mindfulness mientras estás embarazada, puede ayudarte especialmente. En ese momento, **tu cuerpo experimenta todo tipo de cambios**, tanto internos como externos, y **lo más probable es que pienses en el futuro** y eso te resulte estresante. Hacer el mindfulness de la respiración antes del nacimiento también puede resultar útil. Este ejercicio es una buena forma de conectar con tu bebé y con tu cuerpo.

« Si quieres hacer este ejercicio con tu pareja, podéis sentaros o tumbaros uno al lado del otro y colocar una mano en el corazón y la otra en tu vientre. »

Pruébalo

Túmbate o siéntate cómodamente y centra tu atención en tu respiración. Tómate unos momentos para centrarte en la parte del cuerpo donde más sientas la respiración, y simplemente experimenta la sensación de respirar.

Después, pon una mano en la tripa para conectar con tu bebé, y la otra en el corazón, y centra tu atención en las palmas de tus manos. Experimenta la sensación de tocar tu piel o tu ropa, sé consciente de la temperatura... de la calidez o la frescura... y cualquier sensación de movimiento o vibración...

Recuerda que no buscas sentir nada en concreto, como el latido de tu corazón o el de tu bebé, sino que simplemente se trata de un proceso de conexión mutua.

EJERCICIO PARA PADRES

A los padres es a los que más les cuesta encontrar tiempo para hacer ejercicios formales, pero, por suerte, los niños ofrecen infinitas oportunidades para hacer ejercicios informales. Cuando un bebé llora por la noche, o un adolescente no coopera, los padres pueden sentirse frustrados y enfadados, además de fracasados. En momentos como este, practicar el mindfulness puede ser beneficioso tanto para ti, como para tus hijos.

Pruébalo

En momentos de dificultad, haz una pausa: literal (lo que quizá prevenga una respuesta automática), o metafóricamente, pero el efecto es el mismo.

Párate y concéntrate en tu cuerpo, centrando tu atención en cualquier sensación que tengas, siendo curioso acerca de lo que surge y dónde, pero dejando ir la necesidad de analizar «el porqué».

Luego, nota qué emociones surgen; a menudo, es más de una. Por ejemplo, el enfado puede esconder miedo, por lo que tómate unos momentos para preguntarte una y otra vez: «¿Qué hay aquí?», y ponerle nombre.

Después, sé consciente de las historias que te cuentas a ti mismo («el mal padre o madre», «el hijo fracasado», etc.)… reconoce qué sientes exactamente ahora mismo, aunque te parezca inapropiado, políticamente incorrecto, o te sientas mal por rechazar a tu hijo en ese momento preciso.

Sé sincero sobre lo que surja, admite su presencia y respíralo, dejando que la respiración te llene de la cabeza a los pies. Deja que todo el cuerpo respire.

Permítete sentir esas emociones mientras respiras, y reconoce tu amor por tu hijo a pesar de tus sentimientos actuales. Deja que coexistan sentimientos conflictivos, y sostenlos con tu respiración. Admite tu vulnerabilidad, tu fragilidad, tus mejores esfuerzos, y, de nuevo, tu amor por tu hijo.

SUENA EL TELÉFONO

El sonido del teléfono puede generar muchas emociones, dependiendo de lo que esté ocurriendo en nuestras vidas; especialmente si, por ejemplo, estamos esperando a conocer los resultados de unas pruebas médicas o de una entrevista de trabajo.

Es importante darse cuenta de que **el sonido del teléfono puede generar una cadena de pensamientos, emociones y sensaciones físicas** en nosotros, y que lo que nos sucede influye en nuestra reacción a lo que nos cuente el que llama.

Conseguir colocarnos en el momento presente antes de contestar el teléfono, haciéndonos conscientes de su efecto, y, sabiendo nos sentimos de una forma concreta, podemos contestar a la llamada con mensura, en vez de reaccionar automáticamente.

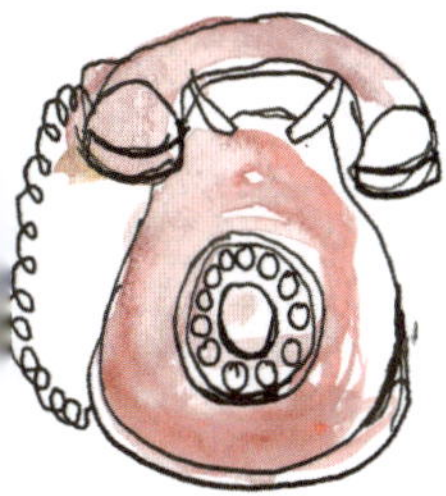

«*Todos hemos experimentado en algún momento el molesto sonido de un teléfono sin contestar, ya fuera en la oficina o en el transporte público. Puedes adaptar este ejercicio a esa situación. Nota las sensaciones en tu cuerpo y cualquier pensamiento y emoción que surja; reconócelos y quédate en ellos tanto como puedas. Deja que el sonido sea solo eso: un sonido.*»

Pruébalo

Cuando oigas que suena el teléfono, pregúntate a ti mismo de inmediato: «¿Qué es lo que siento ahora mismo?». Comprueba qué pensamientos, emociones y sensaciones corporales tienes, dales nombre (por ejemplo, di: «El miedo está aquí»). Después, transfiere tu conciencia al cuerpo, bien conectando con tu respiración o sintiendo tus pies en contacto con el suelo. El proceso entero solo dura unos segundos. Solo después, contesta al teléfono.

Si sabes que has de hacer una llamada difícil, tómate unos momentos antes para hacer un espacio de respiración (ver páginas 150-151).

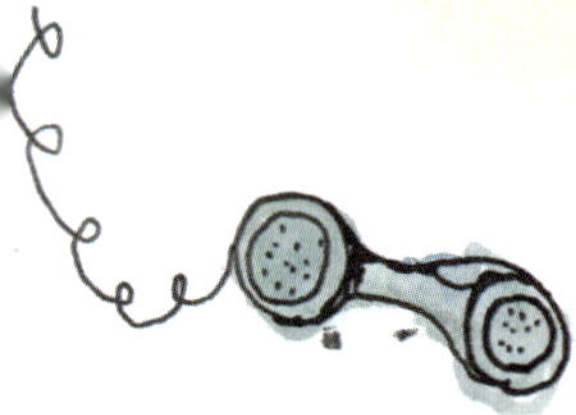

EN ESPERA

Que te pongan en espera al teléfono puede generar todo tipo de pensamientos y emociones: **la frustración de perder el tiempo**, la sensación de insulto, la música molesta, etc.

No obstante, si cambiamos nuestra forma de percibirlo, **reduciremos el estrés negativo que causa en el cuerpo**. En vez de «esperar», ¿podemos simplemente «estar» en espera?

¿Por qué no considerar esos momentos como una oportunidad de estar con nosotros mismos (unos minutos que nos brindan la ocasión de **conectar con nuestro cuerpo y nuestra respiración…simplemente ser, y estar, aquí y ahora**)?

PERMANECE EN LA CONVERSACIÓN

Cuando nos comunicamos con otra persona, transferimos todo tipo de información (verbal y no verbal). Sin embargo, **gran parte del tiempo**, estamos tan decididos a expresar nuestras opiniones, que **no nos enteramos de lo que dicen los demás**. Interrumpimos y hablamos por encima de ellos, o nos ausentamos mentalmente mientras ensayamos una respuesta que puede ser más larga que relevante. Además, filtramos mucho de lo que se dice, por lo que **solo oímos las palabras que confirman nuestro particular punto de vista**. Ignoramos o no nos damos cuenta de las pistas no verbales que se nos dan, porque estamos distraídos.

Por el contrario, cuando **escuchamos con atención plena**, lo hacemos con el corazón: dejamos que la otra persona hable sin interrumpirla y **escuchamos lo que dicen antes de responder**; escuchamos con nuestros ojos además de con nuestras orejas, notamos las pistas no verbales y hacemos contacto visual. Es más, nos tomamos el tiempo de responder, por lo que **hacemos pausas y notamos el efecto que nuestras palabras tienen en nuestro cuerpo**, y aprendemos de ello.

Escuchar plenamente implica que, a menudo, **entendemos lo que se dice mucho más clara y fidedignamente**. Somos más conscientes de nuestras propias historias y de la imparcialidad que a veces surge. **Nos sentimos más conectados con la persona con la que hablamos**, y ellos también con nosotros. Somos conscientes de nuestros propios patrones de escucha. Ese es el primer paso para hacer las cosas de forma diferente, si es eso lo que necesitamos (a veces no lo es).

Pruébalo

Empieza simplemente por ser consciente de la forma en la que sueles participar de una conversación. ¿Cómo sueles escuchar? (Recuerda siempre adoptar la actitud de amabilidad y aprendizaje, no la de crítica y condena).
Nota, además, cómo otros te escuchan. ¿Mantienen el contacto visual? ¿Hacen otras cosas a la vez? ¿Cómo te sientes si la persona con la que hablas solo te presta atención parcialmente?

Ahora, piensa en cómo te sientes cuando la persona con la que hablas te presta toda su atención. Comunícate con otros de la misma forma en que te gustaría que ellos se comunicaran contigo.

* Tan pronto como te des cuenta de que tu mente vaga, hazla escuchar de nuevo.

* Evita interrumpir a la otra persona. Déjale terminar. Escucharás así toda la historia, en vez de solo parte.

* Nota cualquier tendencia que tengas a arreglar o mejorar las cosas para la otra persona, y, en vez de ello, intenta simplemente apoyarles.

* Evita hacer varias cosas a la vez. Cuando escuches, escucha.

* Evita ensayar tus respuestas. Escucha y luego responde. Verás que tu respuesta mejora si realmente has escuchado lo que te han dicho.

* No pasa nada por hacer una pausa, respirar y prestar atención a tu cuerpo en cualquier punto de la conversación.

Recuerda que trabajamos para cambiar los hábitos de toda una vida: sé amable contigo mismo cuando se te olviden estos pasos, o cuando interrumpas a alguien.

VE

Me encanta dibujar retratos: cuando dibujas la cara de una persona, **necesitas mirarle con detenimiento y verle realmente**. No juzgas si la nariz es alargada o las orejas grandes, sino que te das cuenta de que hay una línea que se alinea con otra, o un ángulo proviene de otro, etc. Cuando dibujas a alguien, **te acercas a él y sientes una conexión**.

El siguiente ejercicio no requiere dibujar, pero sí observar. Tu sujeto puede ser otra persona, una mascota, o un objeto inanimado, como una flor o una piedra, o incluso la vista desde una ventana.

Pruébalo

Adopta una postura en la que puedas ver al sujeto claramente, y acomódate en tu asiento. Conecta primero con la respiración y luego con el cuerpo.

Comienza por mirar hacia el sujeto. Abre los ojos a cualquier cosa que entre en tu campo de visión.

Nota cualquier necesidad de girar la cabeza y buscar algo más interesante... pero si lo haces, devuélvela a su posición de la misma forma que haces regresar tu atención cuando tu mente vaga. Nota cualquier pensamiento que surja y déjalos ir, o clasifícalos como «juicio», «planes», «pasado», o lo que corresponda.

Posa tus ojos en el sujeto, dejando si quieres que se muevan sin girar la cabeza... de vez en cuando, sé consciente de la respiración como si fuera una radio que suena de fondo... desplazando la atención de la forma que sientas que es adecuada para ti. Termina por centrarte en la respiración.

TOCA

Este ejercicio acompaña al ejercicio de ver de la página previa. Puedes hacerlo por separado o después, o antes, del anterior. Para llevarlo a cabo, necesitas un objeto: puede ser cualquier cosa de la naturaleza, o algo fabricado, pero siempre es mejor que sea pequeño, porque vas a explorarlo con las manos.

Pruébalo

Elige un objeto. Siéntate delante de él, de forma que lo tengas a mano. Adopta una postura cómoda (ver páginas 38-41) y deja que tu atención se centre en tu respiración. Conecta con la sensación de tu respiración y de tu cuerpo.

Cierra los ojos, lleva tu atención a tus manos... sé consciente de todos los dedos de una mano... y luego, de los de la otra mano.

Centrando tu atención en tu cuerpo, mueve las manos hacia el objeto y deja que floten hasta que las yemas de los dedos entren en contacto con la superficie del objeto. Imagínate que no sabes lo que es, si está vivo o muerto, y explóralo con el tacto. Cuando tu mente vague, hazla volver al sentido del tacto en los dedos.

Después de un rato, quizá quieras tomar el objeto y explorarlo por completo con otros sentidos, como el oído o el olfato. Conecta con el origen del objeto, sea este la tierra o las personas que lo fabricaron.

Cuando estés preparado, suelta el objeto. Ahora, lleva tu atención a tu cuerpo, a las manos, y a sus dedos. Nota cómo están ahora, tras haber estado en contacto con él.

PONTE EN EL LUGAR DE OTRO

La cultura occidental promueve un sentido fuerte de identidad individual, pero muchos de nosotros también pertenecemos a grupos. **Nuestro círculo puede ser tan estrecho como el de un «yo» opuesto a «los demás»,** pero, normalmente, suele incluir a nuestra familia y amigos, convirtiéndolo en «nosotros», en oposición a «ellos», e incluso puede ampliarse a nuestro barrio / región / país en oposición a otro. En general, **«ellos» representa a todo aquel distinto de nosotros**. Centrarnos en nuestras diferencias refuerza nuestra propia identidad y nos facilita distinguirnos de otros. Sin embargo, a menudo, hay una delgada línea entre el «nosotros» y el «ellos», y podemos ganar mucho si **nos centramos en lo que tenemos en común en vez de en lo que nos diferencia.**

Céntrate en lo que tenemos en común y no en lo que nos diferencia

Pruébalo

Siéntate en un lugar tranquilo, donde no te molesten, y comienza por tomarte unos momentos para conectar con tu respiración (ver mindfulness de la respiración, páginas 44-45 y 148-149).

Después, piensa en alguien con quien hayas estado en contacto hace poco y a quien consideres fuera de tu círculo, por el motivo que sea. Nota si tu mente crítica juzga tu decisión y comienza a crear una historia, y, si lo hace, déjala ir.

Imagínate a esa persona y comienza a ser consciente de las características que compartís: ¿a lo mejor lleváis puesto algo del mismo color? ¿O la misma prenda? Desplazándote de la cabeza a los pies, identifica todo lo que tienes en común con esa persona, desde tu género hasta las partes de tu cuerpo, tu ropa o tu peinado.

SOLO NOTA TODO LO QUE PUEDAS,
NO IMPORTA LO PEQUEÑO QUE SEA.

Después, imagínate a esa persona cuando eran pequeños… como hijos o hijas de una persona… o como su hermano o hermana… como un amigo cercano de alguien… o su pareja… como padre o madre… como abuelo o abuela.

No nos estamos inventando cosas sobre esa persona, sino solo reconociéndoles como humanos con conexiones, relaciones, esperanzas, miedos, alegrías y penas similares a las nuestras. Son personas que intentan vivir felices, como todos.

Ahora, imagínate ser esa persona… sentir que te calzas sus zapatos.
¿En qué difieren sus zapatos de los que tú sueles llevar?
¿Qué sensación tienes en los pies? Ahora, expande tu conciencia
y visualízate a ti mismo viviendo su vida… ¿cómo te sientes?
¿Qué sensaciones surgen en tu cuerpo… emociones… pensamientos?

EJERCICIO ALTERNATIVO

Si quieres hacer este ejercicio de manera informal, cuando estés fuera, esfuérzate por fijarte en la gente a la que sueles ignorar. Normalmente, se trata de aquellos que nos sirven de algún modo: suelen llevar uniforme. Podemos clasificarlos por su trabajo: camarera, policía, etc. No solemos hacer contacto visual con ellos, y rara vez nos paramos lo suficiente como para ver a la persona detrás del uniforme. Así que obsérvalos de verdad. Mírales a los ojos, salúdales. Imagínate que haces su trabajo… ¿cómo te gustaría que te trataran?

LA TIERRA BAJO NUESTROS PIES

Hace poco, estaba en un parque. Había llovido, por lo que el césped era de un verde frondoso, cortado de forma que parecía terciopelo suave. Te pedía descalzarte. **La sensación al pisar la hierba fresca**, de hundirme en la suavidad, del cosquilleo en la piel, fue una delicia sensorial que me trajo recuerdos de la infancia, cuando mi abuelo golpeaba la ventana con los nudillos si me atrevía a correr por su impecable césped. Esté el césped perfecto o estropeado, **entrar en contacto con la tierra es algo que no hacemos lo suficiente de adultos.**

Pruébalo

Elige un lugar seguro y libre de desperdicios (puede ser un jardín o un parque), y quítate los zapatos (y los calcetines, si llevas).

Colócate en la postura de la montaña (ver páginas 57-59), y centra tu atención en las plantas de los pies. Sé consciente del contacto de tus pies con el suelo… la sensación de peso, el contacto con la hierba, la tierra, las piedras, las ramitas…

Quédate quieto y reconoce dónde estás.

Luego, levanta los talones y déjalos que caigan de nuevo, alzando primero un talón y luego el otro.

Levanta tus dedos de los pies del suelo uno a uno. Después, siente tus pies: las plantas, los talones, los dedos, el espacio bajo los puentes de los pies.

Sé consciente de cómo tus pies tocan la tierra… que gira bajo nosotros… pero a la vez es sólida y estable… la tierra que conecta amigos, familia y extraños entre continentes…

CEPÍLLATE EL PELO

Este ejercicio puedes hacértelo a ti mismo, a tu pareja, a un hijo o quizá a tu anciano padre o madre. **Puede ser una forma de conectar emocionalmente, además de físicamente,** y también es una buena manera de acceder al cuerpo. Si lo prefieres, no hace falta que la persona sepa que, para ti, es un ejercicio.

Mientras cepillas, puedes centrarte en la acción, sentir el peso del cepillo en la mano... notar cómo el cepillado va cambiando... sentir la sensación del pelo tocando la piel... prestar atención al proceso de cepillar.

Te animo a que abandones la necesidad de contar cuántas veces pasas el cepillo, porque este ejercicio no tiene un objetivo a alcanzar, sino que **se trata de explorar el proceso en sí mismo**.

La persona a la que cepillas el pelo puede explorar las sensaciones en el cuero cabelludo... notar la reverberación por todo el cuerpo... cómo se rinde al proceso.

« *En el libro* El cerebro de Buda: la neurociencia de la felicidad, el amor y la sabiduría, *el neuropsicólogo Rick Hanson describe cómo los monos pasan hasta seis horas al día acicalándose unos a otros; la investigación científica ha descubierto que el animal que se lo hace a otro es el que más se beneficia de la interacción a la hora de liberar estrés.* »

CREA UN CÍRCULO DE AMABILIDAD

Se puede ofrecer amabilidad a aquellos que nos importan como un ejercicio sentado individual o como parte de un ejercicio más largo. También puede hacerse informalmente en cualquier espacio tranquilo donde puedas sentarte y reflexionar sin que te molesten.

Pruébalo

Siéntate y adopta una postura cómoda; si quieres, tómate unos momentos para conectar con tu respiración y asentarte.

Piensa en alguien que te importe: tu pareja, tus padres, un hermano, tu hijo o un amigo, o incluso una mascota a la que adores. Imagínatelos y ofréceles tu amor y tus buenos deseos, repitiendo en silencio:

«Ojalá estés bien,

Ojalá seas feliz,

Ojalá estés libre de sufrimiento».

(Recuerda que puedes cambiar las frases si lo prefieres).

Repite cada frase lentamente y deja que resuene como un guijarro cayendo al fondo de un pozo...

Ahora, imagínate a ti mismo al lado de esa persona o ese animal, quizá tomando su mano o colocando la tuya sobre el animal si así lo deseas, y repitiendo en silencio:

«Ojalá estés bien,

Ojalá seas feliz,

Ojalá estés libre de sufrimiento».

Luego piensa en otra persona a la que tengas cariño, añádela a tu círculo y repite el mismo proceso.

Continúa haciéndolo todo el tiempo que quieras, añadiendo personas al círculo sin excluirte a ti mismo. Si quieres, termina incluyendo a todos los seres humanos.

Nota, además, cualquier pensamiento que surja en relación a las decisiones que tomas, controlando su efecto en tu cuerpo y en tus emociones. Si sientes contracción o tensión, sé consciente de ellos y recuerda que la decisión de incluir a una persona o no es solo tuya.

Este es tu ejercicio. Cuando vayas teniendo más experiencia con él, si quieres, puedes pasar al ejercicio de amabilidad centrado en las personas que nos irritan (ver páginas 135-137), pero siempre es mejor que **empieces por ti mismo y por aquellos que te importan**.

«A muchas personas les cuesta ser amables consigo mismos, y una forma de conseguirlo es incluirte a ti mismo en el grupo al que envías buenos deseos, sobre todo si les tenemos cariño. A veces, «ojalá seamos felices», cuando se trata de familia y amigos, proporciona una sensación más apropiada que «ojalá sea feliz». Al incluirnos en un grupo, no nos incomoda tanto la idea de ofrecernos amabilidad a nosotros mismos, y nos cuesta menos (ver páginas 132-134).»

SÉ AMABLE CONTIGO MISMO

Muchos de nosotros tendemos a ser crueles con nosotros mismos, en vez de amables. **Nos juzgamos sin límites, esperando cosas no razonables de nosotros mismos**, y sin perdonarnos si no las alcanzamos. Nunca trataríamos a alguien que nos importa de esa forma. **Ser amables con nosotros mismos es un ejercicio valioso**, que nunca se hace en exceso. La gente suele preocuparse por no sentir nada al hacer este ejercicio, pero no pasa nada. **No hace falta que sientas nada en particular,** y tan solo debes continuar. Así como la semilla crece y echa raíces bajo el suelo mucho antes de que podamos ver las hojas, el cambio ya está ocurriendo dentro de nosotros antes de que veamos cualquier signo de ello. Este ejercicio suele hacerse sentado, y, **si lo haces de modo regular, notarás la diferencia.**

Pruébalo

Siéntate en una postura en la que estés alerta a la vez que relajado y estable. Comienza tomándote unos momentos para conectar con tu respiración. Centra tu atención en la parte de tu cuerpo donde sientas más fuerte tu respiración, y nota la sensación física de respirar. Recuerda que la respiración es tu centro, el lugar a donde puedes volver si las cosas se complican, o te pierdes.

Si quieres, pon la mano sobre tu corazón. Tómate un momento para sentir la conexión entre la palma y el pecho: la sensación de contacto, temperatura y movimiento.

Ahora, comienza a repetir dos o tres frases como:

«Ojalá sea feliz,

Ojalá tenga paz,

Ojalá esté bien».

O inventa frases similares que sean especiales para ti. Repite cada una en silencio y nota cualquier efecto en términos de pensamientos, emociones y sensaciones que sientas en el cuerpo. Sé consciente de cualquier movimiento «de acercamiento» o de «resistencia». Sea lo que sea que notes, te da información y la posibilidad de reconocer cómo son las cosas ahora mismo.

CONTINÚA TODO EL TIEMPO QUE QUIERAS.

Este ejercicio suele resultar muy difícil para la mayoría de la gente: desearnos el bien a nosotros mismos puede ir en contra de aquello que nos han enseñado. No obstante, es importante porque, **si no podemos ser amables con nosotros mismos, ¿cómo vamos a serlo con los demás?**

Si te cuesta mucho, puedes probar a crear primero un círculo de amabilidad (ver páginas 128-131), en el que comenzamos por ofrecer amabilidad a aquellos que nos importan, para después incluirnos a nosotros mismos en el círculo.

Otra forma de facilitar las cosas es hacer el ejercicio con una imagen mental de ti mismo como un niño vulnerable.

> « *Cambia las frases como quieras, pero cuídate de no distraerte buscando las palabras perfectas. En ocasiones, a la gente le ayuda añadir «tanto como me sea posible», si sientes que el estado que deseas está fuera de tu alcance en ese momento.* »

AQUELLOS QUE NOS IRRITAN

Todos tenemos personas en nuestra vida que nos irritan. Una vez, hice el ejercicio a continuación centrándome en una compañera de trabajo con la que tenía contacto diario, pero con la que me costaba relacionarme. Era **gruñona, exigente y a veces maleducada** (o a mí me lo parecía), pero era una relación importante para ambas. No podía hacer nada para cambiar su actitud, pero sí para cambiar la mía, por lo que, durante algún tiempo, **se convirtió en el centro** de mis ejercicios de amabilidad, y **le deseé cosas buenas**, imaginándola como alguien que quería ser feliz, apreciada y amada.

Conforme progresaba, **noté una gran diferencia en nuestra relación**. No obstante, el cambio se había producido en mí, no en ella. Comencé a verla de otra manera, lo que cambió mi forma de relacionarme con ella. **No fue un cambio intelectual, sino emocional.** Aunque nunca llegamos a ser amigas, sí establecimos una buena relación profesional.

Pruébalo

Siéntate en una posición cómoda, y, antes de empezar, piensa en alguien que te irrite (te recomiendo que no elijas a alguien que te ha hecho mucho daño, sino que sea algo pequeño, manejable y seguro, puesto que este ejercicio puede hacer surgir emociones intensas).

Tómate el tiempo de adoptar tu postura, conectando con tu respiración y con tu cuerpo. Es importante establecer primero una buena respiración, para que puedas volver a ella si el ejercicio te resulta difícil en algún momento.

Piensa en la persona que has elegido. Puede que te ayude imaginar que está en un lugar donde no puede tocarte (como una isla rodeada de tiburones). Sea donde sea, comienza por desearle cosas buenas, usando las siguientes frases, u otras que inventes tú.

«Ojalá estés bien / feliz,

Ojalá estés libre de ira / odio,

Ojalá tengas calma / paz».

Repite las frases en silencio, notando cómo resuenan y su efecto en el cuerpo, la mente y las emociones. Lleva tu atención de nuevo a la respiración si cualquiera de ellos es demasiado potente (si te agobias en algún momento, vuelve al ejercicio de sé amable contigo mismo, páginas 132-134, y hazlo durante un rato.

Debes hacer este ejercicio **de manera regular**. Si lo haces una vez, es poco probable que notes cambios. No obstante, es mejor hacerlo primero **durante solo unos minutos**, intercalándolo con periodos más largos de mindfulness de la respiración (ver páginas 44-45), y poco a poco **ir aumentando el tiempo**.

Recuerda que no buscamos cambiar el comportamiento o las actitudes de la otra persona. Cualquier cambio que surja, **será en nosotros**, no en ellos, pero puede que la forma en que interactuamos con ellos influya en su respuesta.

« *Nuestro cuerpo es un verdadero barómetro de nuestros sentimientos. Una vez, hice este ejercicio con una persona que estaba haciendo mucho daño a un amigo. Cuando intenté decir «Ojalá estés bien», me sorprendió sentir una fuerte resistencia en mi cuerpo. Una parte de mi decía: «Vamos, Anna, mándale buenos deseos...», mientras que la otra se negaba. A pesar de que mi yo intelectual quería, mi yo emocional no estaba en absoluto preparado para ello. Recordé las enseñanzas de Joseph Goldstein y exploré hasta dónde podía llegar, probando diferentes frases y viendo lo que sentía en mi cuerpo. Tras unos momentos, se me ocurrió «Ojalá estés libre de ira», pues el comportamiento de esa persona obedecía a ella, y no sentí ninguna resistencia en mi cuerpo, por lo que continué el ejercicio con solo esa frase.* »

DESEA EL BIEN

La primera vez que conocí la idea de combinar un ejercicio tradicional de amabilidad con caminar, fue a través de la escritora y profesora de meditación Sharon Salzberg. Hacer ambos a la vez transforma el ejercicio formal de amabilidad en informal, de manera que puedes hacerlo en cualquier parte.

Como los demás ejercicios de este tipo, es importante que **escojas frases que signifiquen algo para ti.** Las que aquí se incluyen son solo sugerencias, así que usa otras si lo prefieres.

Recuerda que no estás haciendo este ejercicio para cambiar a nadie, sino que simplemente vamos a **enviar buenos deseos a los demás y a nosotros mismos**.

Pruébalo

Comienza a caminar. Si vas a hacer el ejercicio de modo informal, camina a tu ritmo habitual; si no, camina más despacio de lo que lo haces normalmente. Mientras andas, repite las siguientes frases en silencio:

«Ojalá esté bien,

Ojalá sea feliz,

Ojalá esté libre de sufrimiento».

Puedes hacer una pausa después de cada frase para que cada una caiga, se asiente y resuene por todo tu cuerpo. Cada vez que empieces a pensar en otra persona, o que notes que hay otro ser vivo cerca de ti (incluidos animales e insectos), extiende tu conciencia hasta incorporarlos a ellos también:

«Ojalá estés bien», etc.

Después, continúa diciendo las frases solo para ti mismo.

DEJA IR A LA TECNOLOGÍA

Se supone que nuestros móviles, ordenadores portátiles y MP3 están ahí **para hacernos la vida mejor.** Nos permiten estar en contacto con nuestra familia y amigos, y escuchar la música que nos gusta. No obstante, estos dispositivos también nos conectan a la oficina a todas horas, y nos distraen de lo que estamos haciendo. ¿Cuántas veces te ves interrumpido por el sonido de la notificación de un correo, llamada o mensaje? La tecnología no es mala, siempre y cuando no interfiera en nuestra relación con los demás. **¿Cuál es tu relación con tus dispositivos?**

Pruébalo

Regálate tiempo sin interrupciones al tomar la decisión consciente de no contestar llamadas y correos, o de no escuchar música. Si te resulta un cambio demasiado drástico, céntrate en una cosa concreta, como no ponerte los cascos de camino al trabajo.

Otras sugerencias son:

* Mira tu correo solo en momentos específicos. Dependiendo de tu trabajo, puede ser cada hora, tres veces al día, o incluso una vez al día. Permítete centrarte en otras cosas y en otras personas sin interrupciones.

* Apaga el móvil cuando puedas, o, por lo menos, ponlo en silencio.

* Evita llevar el móvil a una comida.

* Evita llevar el móvil a cualquier actividad de desconexión.

* Cuando estés con tu familia, sobre todo con tus hijos, préstales toda tu atención, en vez de dividirla. Todos saldréis beneficiados.

capítulo 5

TEJE TU PARACAÍDAS

Jon Kabat-Zinn habla de la importancia de e**stablecer la práctica del mindfulness cuando la vida te va bien** y te sientes fuerte. Al hacerlo, aprendes y ejercitas habilidades («tejes tu paracaídas») que serán **inestimables cuando te surjan obstáculos**. Es mucho más difícil aprender algo nuevo en época de crisis.

Los ejercicios de esta sección son lo que yo llamo ejercicios fundacionales, Puedes volver a ellos una y otra vez: vigila la respiración (ver págs. 146-147), conecta con tu predicción meteorológica (ver págs. 163-164), y practica aguantar el picor (ver págs. 152-153). Si eres una persona de hábitos fijos, **salir intencionadamente de tu zona de confort** y hacer algo diferente (ver pág. 154), **te ayudará a aumentar tu nivel de tolerancia al estrés**.

Cuanto más ejercites el músculo de la conciencia, más resiliente te volverás cuando estés estresado. Hay estudios que demuestran que se puede «almacenar» resiliencia en el cuerpo, **así que aprovecha a hacerlo cuando te vaya bien la vida**: recogerás las recompensas cuando te encuentres en dificultades.

DESPIERTA DE LA FALTA DE CONCIENCIA

Cuando empezamos a prestarnos atención a nosotros mismos, lo primero de lo que nos damos cuenta es de lo inconscientes que somos. Vemos que **juzgamos a otros fácilmente y que esos juicios influyen en nuestros pensamientos, acciones y comportamiento**. A menudo, nos damos cuenta con posterioridad de lo rápido que hemos reaccionado ante algo o alguien, y que quizá hemos dicho o hecho algo de lo que nos arrepentimos.

Solemos tender a ver estos momentos de inconciencia como uno más de nuestros defectos. No obstante, es mucho mejor **verlos como oportunidades de celebración**. El hecho de notar nuestra propia inconciencia es un primer paso importante: se trata de un **momento de despertar y de claridad**. Hasta que no vemos algo por lo que es de verdad, no tenemos la posibilidad de hacerlo de manera diferente.

Cuando te des cuenta de que podrías haber afrontado una situación mejor, felicítate por ello, **reconoce que podrías haberlo hecho de otra forma** y recuérdate a ti mismo que la diferencia entre reacción y respuesta disminuirá con el tiempo. Se trata de practicar: **hemos de hacer las cosas una y otra vez para aprender nuevos hábitos** y respuestas más inteligentes. Se nos olvidará, y tendremos que empezar de nuevo. Siempre nos va a ocurrir, y es una parte integral del proceso.

> «*Date cuenta de cómo juzga la mente o de una respuesta inapropiada, y sé amable contigo mismo en vez de castigarte. Todos estamos "en proceso de elaboración".*»

LA RESPIRACIÓN

El mindfulness de la respiración es uno de los primeros ejercicios que se aprende. Una de las razones de que sea tan útil centrarse en **la respiración es que siempre está ahí**, por lo que, al conectar con ella de forma regular, creamos un ancla que nos ayudará a estabilizarnos cuando las cosas se vuelvan difíciles.

Cuando meditamos respirando, no intentamos cambiar nuestra forma de respirar, sino notar en qué estado se encuentra. **Nuestra forma de respirar nos da información valiosa sobre el estado actual de nuestra mente.** Ser consciente de las cualidades de nuestra respiración (ya sea corta o larga, profunda o superficial, etc.), puede resultar muy útil, al igual que familiarizarnos con nuestra forma habitual de respiración y cómo cambia si nos sentimos ansiosos o enfadados.

Puede que notes que tu respiración **cambia al centrarte en ella**. Si te ocurre, no te preocupes. Siempre y cuando te sientas bien, continúa vigilando tu respiración y experimentando las sensaciones físicas asociadas a ella.

A veces, las personas vinculan cosas negativas a su respiración, lo que puede complicar la meditación.

Si eres una de estas personas, te recomiendo que te centres en tus pies en el suelo. Puedes hacerlo como ejercicio alternativo (ver págs. 188-189) o combinar la respiración y los pies, quedándote unos momentos en la primera antes de centrarte en los pies durante más tiempo. Es una forma segura de **ejercitar quedarnos en la respiración** a un ritmo y de una forma que te resulten cómodos.

Cuando controlamos la respiración, la única regla es **notar y experimentar las sensaciones físicas de la respiración:** la expansión y contracción del estómago y de pecho. Quédate en la duración de cada inspiración y cada espiración, y sé consciente de los espacios entre ellas: cuándo una se vuelve la otra, y viceversa.

En el momento en que te des cuenta de que estás en otro lugar y que tu mente vaga, date cuenta de ello y vuelve a tu respiración. **Deja ir cualquier pensamiento negativo,** del estilo «esto se me da fatal, o «ves, no puedo centrarme ni en mi respiración». En realidad, deberías felicitarte por esos momentos de despertar, durante los cuales estás verdaderamente presente. Todo lo que tienes que hacer es regresar a la respiración y comenzar de nuevo. **De eso trata este ejercicio**.

EL MINDFULNESS DE LA RESPIRACIÓN

Este ejercicio es perfecto para conectar con el cuerpo y desarrollar la concentración. Es una buena forma de **acostumbrarse a la respiración,** y, si lo haces de modo regular, **te resultará más fácil anclarte a ella cuando tengas dificultades**. Puedes hacerlo informalmente en cualquier momento y lugar, sin que nadie se dé cuenta. También es posible hacerlo sentado, en su versión formal (ver págs. 38-41 para consejos sobre la postura). Sigue las instrucciones de las páginas 44-51.

Puedes hacerlo corto o largo, como desees. Si haces un ejercicio largo, consulta las páginas 18-19 para obtener sugerencias sobre cómo distribuir el tiempo.

« *Durante este ejercicio, puede que te ayude centrar siempre tu atención en la misma parte del cuerpo. Elige la zona donde más sientas tu respiración, por ejemplo, el estómago o el pecho.* »

Cuenta tus respiraciones

Este es otro ejercicio para conectar con el cuerpo y aumentar la concentración y la atención. Contar la respiración es útil si te sientes especialmente distraído, pues el proceso de contar actúa como un andamio sobre el que construir. Lo puedes hacer como ejercicio informal, pero es más común hacerlo sentado, de modo formal.

Toma asiento como se describe en la página 39. Comienza inspirando, cuenta hasta 5 inspiraciones. Vuelve a empezar por el 1. Cuando (y será «cuando», no «si»), veas que te pasas de cinco, vuelve otra vez al 1 en cuanto te des cuenta.

Tu mente vagará y tendrás que empezar otra vez. De eso trata el ejercicio.

Céntrate en la inspiración y en la espiración.

Una variante de este ejercicio es centrarse bien en la inspiración, bien en la espiración. Elige una de las dos al comienzo del ejercicio y céntrate en ella, en vez de cambiar de una a otra.

Puede ser interesante ser consciente de las diferentes cualidades que se cultivan con las variantes. Juega, experimenta e investiga por ti mismo. Sé curioso con tu respiración.

TÓMATE UN ESPACIO DE RESPIRACIÓN

Es buena idea tener una forma de **disminuir el ritmo y colocarse en el momento presente**. Puede hacerse a través de una minimeditación en el día a día, aunque es especialmente útil en momentos de dificultad. No obstante, **no lo utilices para arreglar o cambiar una experiencia**. Puede que esta sea distinta después de hacer el ejercicio, pero también puede que no lo sea.

El espacio de respiración ofrece una oportunidad de hacer una pausa y cambiar del modo «hacer» al modo «ser». Notamos lo que surge en nosotros, en términos de pensamientos, emociones y sensaciones físicas, y reconocemos su presencia (aunque preferiríamos que no estuvieran). Después, nos centramos en nuestra respiración y respiramos con todo lo que surge. Colocarse en el presente es el primer paso para aceptar aquello que emerge.

« *Incorporar esta minimeditación a tu día a día puede resultarte útil, por ejemplo, vinculada a un momento, como cada comida. Cuando te olvides (que lo harás), haz el espacio de respiración en el mismo momento en que lo recuerdes. Poco a poco, irás colocando el ejercicio en unos horarios concretos.* »

Pruébalo

Trish Bartley, profesora y coach de mindfulness, fue quien desarrolló el espacio de respiración, y se suele decir que es el ejercicio que se hace de modo más regular. Solo se tarda un par de minutos y puede hacerse en cualquier lugar, sin que nadie se dé cuenta.

Es útil dividirlo en tres pasos. Empieza en una postura que refleje una actitud interna de atención alerta (ya sea sentado, de pie o tumbado).

Paso 1 Sé consciente de lo que estás pensando... qué emociones están presentes y qué sensaciones físicas sientes en el cuerpo (si sientes alguna). Este paso consiste en reconocer y nombrar. No analizamos ni juzgamos la experiencia, y si es apropiada o políticamente correcta. Solo admitimos que está ahí, o que no hay nada ahí, y esa es tu experiencia presente.

Paso 2 Llevando la atención a tu respiración, comienza a sentir la sensación de respirar. Si te ayuda, repite en silencio «inspira, espira». Quédate en la respiración unos momentos.

Paso 3 Amplía tu foco de atención e incluye todo el cuerpo; nota los puntos de contacto, como tus pies en el suelo, o tus glúteos en la silla... sé consciente de la habitación donde estás... de cualquier sonido... En este estado de conciencia alerta, continúa con tu día.

AGUANTA EL PICOR

Los ejercicios de meditación formales, como el escáner corporal, o los ejercicios sentados o de movimiento, ofrecen la oportunidad de que surjan distintos estados mentales, como la impaciencia, la frustración, el aburrimiento, la irritación, la paz, la calma, etc. **Aprender a «permanecer» en esos estados mentales cuando hacemos ejercicios, nos ayuda a enfrentarnos a ellos** en nuestra vida cotidiana.

Pruébalo

Hagamos el tipo de ejercicio que hagamos, nunca buscamos hacernos sentir incómodos, y menos aún aguantar el dolor. No obstante, podemos practicar nuestra reacción a pequeñas incomodidades, como el picor o las agujetas.

Ejercitamos «la convivencia» con la molestia centrándonos en ella... interesándonos por cómo es... dónde está... qué cualidades posee... si es constante o cambia... Cuando nos interesa algo, queremos saber más sobre ello. Somos curiosos. Es un comportamiento muy diferente al de alejar algo porque no nos gusta.

Así que practica aguantar el picor (el literal, y el metafórico). Puede ser un ejercicio sentado formal, o algo de tu día a día (por ejemplo, la necesidad de moverte durante una reunión importante); experimenta cómo es responder, en vez de reaccionar, a ello.

CONSEJO El escritor y profesor de meditación Jack Kornfield, sugiere «la regla de los tres golpes». Si te entran ganas de rascarte o de terminar un ejercicio, simplemente date cuenta de esta necesidad y déjala ir. Cuando surja de nuevo (lo hará), déjala ir otra vez. Luego, cuando surja una tercera vez, date permiso a ti mismo para moverte o «rascarte», pero hazlo conscientemente, sabiendo plenamente lo que estás haciendo.

HAZ ALGO DIFERENTE

Muchos de nosotros somos seres de costumbres. **Nos da seguridad y comodidad saber qué va a ocurrir** y, si somos vulnerables a la ansiedad, solemos controlar cada día lo más posible. El problema es cuando surge **un obstáculo en nuestra vida y, de repente, nos cuesta permanecer de pie sobre arenas movedizas,** y eso aumenta nuestro estrés y nuestra ansiedad.

Si podemos experimentar con ampliar los límites de nuestra zona de confort cuando estamos estables, podremos afrontar mejor las dificultades cuando surjan.

Pruébalo

Primero, analiza tu rutina diaria. ¿Cómo es de predecible?

Recuerda que no es útil juzgar lo que descubras.
Es solo una foto fija de dónde te encuentras ahora mismo.

Ahora, experimenta hacer algo de modo completamente diferente.
Elige algo pequeño, como lo que vas a almorzar o el camino por el que vas al trabajo. Después, decide cuánto tiempo vas a hacerlo de modo diferente: por ejemplo, un día, o una semana.

Luego, ¡hazlo! Experimenta.

DIVIÉRTETE Y DESCUBRE QUÉ COSAS NOTAS.

HAZTE AMIGO DE LA CRIATURA PEDIGÜEÑA

Un poema del siglo XV del místico indio Kabir, comienza así: «Le dije a la criatura pedigüeña en mí...». Cuando siento un antojo (ya sea más chocolate, un libro o algún aparato), me imagino a **una pequeña criatura dentro de mí** que se despierta, se desperezа y **se hace notar**. Su presencia es fuerte y reconocible.

Luego, reconozco a mi criatura y la observo, en vez de rendirme a ella. ¿Se dormirá después de un momento de energía o se quedará ahí? A veces, le doy el chocolate (real o metafórico), pero lo hago con conciencia de ello (y de sus consecuencias), en vez de hacerlo automáticamente.

Todos podemos sentirnos arrastrados por nuestros antojos (sobre cosas materiales, circunstancias particulares, relaciones), e identificar y **hacerte amigo de tu criatura interna puede ayudarte a tomar mejores decisiones.**

Pruébalo

La próxima vez que sientas la urgencia de hacer algo, centra tu atención en tu cuerpo. ¿Qué sientes? ¿Dónde sientes ese deseo de manera más fuerte?

Sé curioso y aprende más de tu criatura pedigüeña… lo que la atrae… qué provoca sus antojos…

Experimenta con lo que ocurre si le alimentas:¿Cómo te sientes después? ¿Qué pasa si la ignoras? ¿Qué notas si admites su presencia (por ejemplo, diciéndote a ti mismo , «te veo»), pero sin responder a sus demandas? Juega con ella.

Conforme te familiarices con sus características, puede que empieces a notar su presencia más fácilmente; es posible que notes distintos grados de deseo. Una vez eres consciente de que la criatura controla tu poder de decisión, tienes más posibilidades de luchar contra ella y de tomar tus propias decisiones.

«Al principio, es normal no darse cuenta hasta después de que se suponía que teníamos que notar algo. Cuando esto ocurra, tómalo como una oportunidad de practicar, en vez de decepcionarte. Si ya te estás comiendo una onza de chocolate de forma automática, comienza a hacerlo conscientemente, prestando atención a la acción de comer. Nota qué sensaciones tienes mientras lo comes, y qué sientes después en tu cuerpo. Sé consciente de los pensamientos y emociones que surjan. Puede que también te des cuenta, después de comprar un objeto, que te resulta menos interesante y que tu atención se desplaza hacia otra cosa. Usa esta oportunidad para aprender y recordar, de forma que la siguiente vez que la criatura proteste, sepas cómo te sentiste cuando te rendiste a ella.»

VIGILA LA RESISTENCIA

Gran parte de **nuestra infelicidad surge porque las cosas no son como nos gustaría**: queremos ser más delgados, más guapos, tener mejor salud, ser más ricos, vivir en un lugar más tranquilo, cambiar de trabajo, tener pareja, divorciarnos... **la lista es infinita y diferente** para cada persona. Puede que también miremos hacia otro lado ante una persona sin hogar, o un niño hambriento en televisión, porque enfrentarnos a ellos nos obliga a reconocer su realidad (o la nuestra). Además, **es posible que nos resistamos** a hacer ejercicio aunque sepamos que es bueno para nosotros; lo mismo pasa con practicar la meditación. En el siguiente ejercicio, no nos interesa el porqué, sino **a qué parte de nuestra experiencia nos estamos resistiendo**, además de identificar ese sentimiento de resistencia en nuestro cuerpo.

Pruébalo

Comienza por ser consciente de los momentos a los que sueles resistirte, o de los que sueles huir.

Presta atención a todo tu cuerpo, especialmente a la sensación de tensión o aversión ante algo o alguien. Nota cualquier tensión en tu cuerpo, identifica dónde está y qué forma toma… sé consciente de las muecas o expresiones en tu rostro… un rechazo interno o externo a algo o a alguien.

Conforme notas la resistencia en sus múltiples versiones, reconoce su presencia. Repítete: «¡Ah, te veo!» o «La resistencia (o el "no querer") está aquí». Asegúrate de nombrarlo con compasión, en lugar de juzgando. Admite su presencia y solo permítele estar ahí, en vez de responder de forma típica y rechazarla. Explora un poco más si quieres… descubre la sensación de resistencia para ti. ¿Cómo la sientes en tu cuerpo? (Sé todo lo preciso que puedas con el lugar). Identifica su forma y tono (es dura, blanda, rugosa o suave? ¿Es cálida, o fría, sólida o etérea? ¿Es de algún color? ¿Se mueve, o es constante?

Muestra curiosidad por la resistencia. ¿Cómo sabes que algo o alguien no te gusta, o que no quieres hacer algo? Recuerda, no intentamos cambiar lo que somos o hacer que desaparezca, sino que simplemente queremos saber más sobre ello para poder reconocerlo cuando se nos presente.

Comenzamos a notar la energía que se necesita para mantener esa resistencia. La energía que necesitamos para que el cuerpo se tense... ¿Cómo te hace sentir? ¿Qué podrías hacer diferente?

Empieza a darte cuenta de las cosas o de las personas de las que sueles huir: puede ser alguien con quien no te llevas bien en el trabajo, o un vecino. Ya seas consciente de tu antipatía o no, influirá en tu relación y en tus interacciones con esa persona.

Cuando nos damos cuenta de las cosas y de las personas que solemos rehuir, podemos tenerlo en consideración en nuestras actitudes y juicios, y quizá intentar acercarnos a ellos de otra forma, centrándonos en ellos en lugar de evitarlos. Además, podemos respirar por la zona del cuerpo donde sintamos la aversión, dirigir la respiración y respirar la resistencia, permitiendo que la respiración se acerque a la aversión, al «no querer».

NOTA QUÉ SUCEDE. PERMANECE EN LA RESISTENCIA.

Puede que sientas que es ilógico prestar atención de forma intencionada a tus sensaciones de resistencia y aversión, así que empieza siempre por una irritación menor, o, si es un reto demasiado grande, por darte cuenta de los antojos que tienes o cuando deseas algo o a alguien (ver páginas 155-157).

SIÉNTATE COMO UNA MONTAÑA

En este ejercicio sentado, cultivamos de forma intencionada las cualidades de una montaña. En *Donde quiera que vayas, ahí estás*, Jon Kabat-Zinn destaca el importante papel que las montañas tienen en la mitología y en la religión, y sugiere que **tomemos prestada la fuerza y la constancia de la montaña y la hagamos parte de nosotros durante el ejercicio sentado**.

« *A algunos de nosotros nos resulta más difícil visualizar las cosas que a otros. Si te cuesta imaginarte una montaña concreta, solo sé consciente de tu dificultad y de cualquier pensamiento o juicio asociado a ella, y déjalo ir. Luego, imagina que tu cuerpo es una montaña y conecta con la forma completa y la fuerza de las montañas en general.* »

Pruébalo

Siéntate bien en el suelo, bien en una silla, de forma que la parte inferior de tu cuerpo esté conectada con la tierra o con el suelo, y la superior, alerta y elevada hacia arriba (ver páginas 38-39, acerca de la postura).

Tómate unos momentos para conectar con la sensación de respirar. Siente el pecho alzándose y cayendo, quédate en la duración de cada inspiración e inspiración. Luego, extiende tu conciencia hacia fuera, hacia todo el cuerpo sentado.

Después, piensa en una montaña que conozcas, o que hayas visto en un libro o en televisión, o invéntate la imagen de una montaña. Deja que tome forma en tu imaginación: quizá tenga un pico escarpado, o una meseta suave. Visualiza la estación en ella… puede que sus laderas estén cubiertas de árboles, de nieve, o de rocas. Tu montaña puede tener la forma que tú desees.

Mientras continúas sentado con la imagen de la montaña, llévala hacia el interior de tu cuerpo: tu cabeza es el pico, tus hombros las laderas superiores, la parte inferior de tu cuerpo las inferiores, conectando con la tierra. Siéntate como tu montaña… conectado, centrado, pero con el pico elevándose hacia el cielo.

Ahora, sé consciente de la vida de la montaña… las estaciones que pasan… el viento… la lluvia… la nieve… y el sol, surgiendo y pasando. Puede que la desgasten un poco, pero sigue siendo familiar, sigue estando ahí. La montaña simplemente permanece.

¿CUÁL ES TU PREDICCIÓN METEOROLÓGICA?

Todos estamos familiarizados con los barómetros meteorológicos que predicen el estado del tiempo ahora y en el futuro inmediato. El siguiente ejercicio lo desarrolló la profesora de mindfulness Trish Bartley, y en él **utilizamos nuestro cuerpo como barómetro para determinar nuestro humor**. Al aprender a **reconocer nuestro propio «tiempo» a través de la familiarización con los distintos sentimientos que surgen del cuerpo**, obtenemos información valiosa sobre lo que nos ocurre en un momento concreto. Conforme tengamos más práctica, podremos usar el cuerpo como barómetro emocional propio y **notar las primeras señales de los humores según surgen,** colocándonos en mejor posición para actuar.

Pruébalo

Identifica la parte del cuerpo donde sueles sentir estrés: normalmente es en el torso, pero sé todo lo específico que puedas. Quizá quieras apuntarlo. Practica la conexión con esta parte del cuerpo cuando te encuentres estresado, ansioso o preocupado, o experimentes alguna otra dificultad emocional; sé curioso y date cuenta de la sensación física que corresponde a estos estados mentales.

Después, haz lo mismo cuando sientas emociones positivas, como alegría, felicidad, calma o paz.

A menudo, no somos conscientes de cómo una emoción concreta influye en, y afecta a, nuestras palabras y acciones. Pero al aprender a reconocer los «tonos» sentimentales y los patrones de cambio constante tanto de los estados mentales negativos como de los positivos, nos damos cuenta de las cosas que influyen en nuestros pensamientos, palabras y acciones, y de que varían todo el tiempo.

ESCUCHA EL SONIDO Y EL SILENCIO

Gran parte del tiempo, la práctica del mindfulness es una exploración de los sentidos, pero se suelen dejar de lado los ejercicios de oído. Normalmente, **cuando escuchamos un sonido le atribuimos un significado**, a menudo vinculándole una historia basada en nuestras experiencias en torno a él. Así, si has vivido un accidente al que ha acudido una ambulancia, cada vez que escuches una sirena, puede que tu cuerpo la identifique como una amenaza, y que afloren todos los pensamientos, recuerdos y asociaciones de ese momento. Puede que vivas de nuevo ese momento repetidas veces, simplemente porque el sonido ha activado la memoria corporal.

En este ejercicio, experimentamos **la convivencia con el sonido por sí mismo**: una nota o varias. Cuando nos distraiga una experiencia vinculada a ellas, según nos demos cuenta, la dejaremos ir y volveremos a centrar nuestra atención en el sonido.

Pruébalo

Toma asiento y deja que el cuerpo se asiente, conectando unos minutos con tu respiración para anclarte a él.

Después, imagina que tu cuerpo es un receptor que se abre al sonido. Puede que sean sonidos lejanos o internos del cuerpo... escuchar... recibir... notar el efecto de los diferentes sonidos en el cuerpo. ¿Cómo reacciona el cuerpo al sonido? Sé consciente sin juzgar.

No buscamos el sonido, ni estamos «escuchando» activamente. Simplemente, nos permitimos a nosotros mismos abrirnos y recibir cualquier sonido a nuestro alrededor, como si fuéramos un radar. Notamos que surge y que pasa. Notamos su tono, su timbre. Somos conscientes del sonido puro.

Notamos las pausas entre sonidos. El sonido del silencio.

SIÉNTATE AL LADO DE LA CASCADA

Nuestros **pensamientos son muy poderosos**. Tejen una ficción que puede llevarnos a otro mundo. El siguiente ejercicio sentado **nos ofrece la oportunidad de convivir con nuestros pensamientos**, sin dejar que nos arrastren.

Pruébalo

Tómate el tiempo de asentarte en tu silla. Asegúrate de estar conectado con el suelo y / o con la silla. Conecta con el lugar donde más sientas la respiración, y concéntrate en ese punto. Pasa varios minutos observando tu respiración, notando su efecto en tu cuerpo y en tu mente.

La respiración es tu ancla, y, en el momento en que sientas que tus pensamientos te arrastran, úsala para volver a tu cuerpo. Puedes hacerlo numerosas veces.

Imagínate a ti mismo en lo alto de una cascada, sentado en una roca, sintiendo la tierra debajo de ti, apoyándote. Quizá puedas aferrarte a las rocas, a los árboles o a los arbustos. El agua corre y se lleva tus pensamientos, retorciéndose y haciendo remolinos minúsculos…

Si quieres, puedes colocar tus pensamientos en el agua de forma consciente, y lanzarlos a la corriente en hojas, como si fueran barquitos. Quizá algunos se queden atascados en las rocas y aún puedas verlos, pero, pronto, la fuerza del agua los arrastrará.

Mientras estás sentado en la roca, puede que el agua te empape, pero no te arrastrará. Tus pensamientos pasarán, tambaleándose, los perderás de vista y saldrán de tu mente. Permanecerás sentado, observándolos.

PRESTA ATENCIÓN

En *El corazón del mundo*, Sharon Salzberg cuenta una preciosa historia que ocurrió en un retiro. Sharon fue a entrevistarse con su profesor, U Pandita, pensando que le contaría su experiencia meditativa, pero, en lugar de ello, él le pidió que le relatara cómo era ponerse los zapatos. Nunca había prestado atención cuando lo hacía, por lo que se fue y observó todo lo relacionado con hacerlo. Volvió a su siguiente entrevista pensando que ahora podía contarlo todo sobre el tema. Sin embargo, a su profesor ya no le interesaban sus zapatos, sino qué notaba al lavarse la cara: al haber estado tan centrada en los pensamientos, sentimientos y sensaciones relacionadas con «ponerse los zapatos», Sharon no había prestado atención a lo que ocurría cuando se lavaba la cara. Conforme pasaban los días, y al no saber lo que le preguntaría el profesor, comenzó a prestar atención a todas las experiencias del día.

Pruébalo

Imagina que te han pedido que cuentes todo sobre cómo te pones los zapatos. Sé consciente de lo que haces y de las sensaciones que tienes. Luego elige otra cosa, por ejemplo:

* Vestirte
* Afeitarte
* Maquillarte
* Desayunar
* Ducharte
* Lavarte los dientes
* Salir de casa
* Ir a trabajar
* Vestir a un niño
* Cambiar a un bebé

Lo bonito de esto es que no hace falta que hagas nada distinto para practicar. Solo sé consciente de lo que sueles hacer: ese es el ejercicio. Nota todo lo que puedas sobre tu experiencia, en términos de la experiencia física del cuerpo, lo que sientes emocionalmente, qué pensamientos tienes, y el efecto que tus intenciones tienen sobre tus acciones.

EL PODER DEL SILENCIO

Siempre se ha reconocido el poder del silencio, pero nunca antes se ha necesitado tanto como hoy en día. **Nuestro mundo es más ruidoso que nunca**: siempre llevamos auriculares y no paramos de interactuar con el mundo a través de correos, de Internet o de nuestros teléfonos. Aunque la tecnología tiene sus ventajas, **también es una distracción que nos aporta formas de evitar estar con nosotros mismos**. Permanecer en silencio y dejar de lado la distracción de leer e interactuar con otros es liberador. Nos **deshacemos de la necesidad de conversar o de adquirir una personalidad en concreto,** y el silencio **nos permite darnos mejor cuenta de lo que nos sucede internamente y a nuestro alrededor.** Nuestros sentidos se agudizan y nuestra experiencia es más **definida, más rica e intensa.**

Pruébalo

Quedarte en silencio puede resultar abrumador, y, a menos que vayas a un retiro, puede ser complicado hacerlo en casa. No obstante, se puede estar en silencio mientras se hace una actividad corta, como comer o pasear.
Apaga el ordenador, el móvil o el reproductor de MP3.
Experimenta primero con un periodo corto que te sea asequible, y alárgalo cuando te sea posible.

LAS REGLAS DEL SILENCIO VARÍAN, PERO EN GENERAL SON:

* No hables (aunque si te encuentras con alguien que no sepa que estás en silencio, puedes intercambiar lo necesario).

* No leas; no escuches música / la radio; no veas la televisión.

* A veces se sugiere no hacer contacto visual, aunque esto puede provocar emociones intensas. Eliminar el contacto visual cancela otra forma de comunicación.

* A veces se desaconseja escribir, aunque el silencio también puede potenciar enormemente la creatividad, por lo que se trata de una decisión personal.

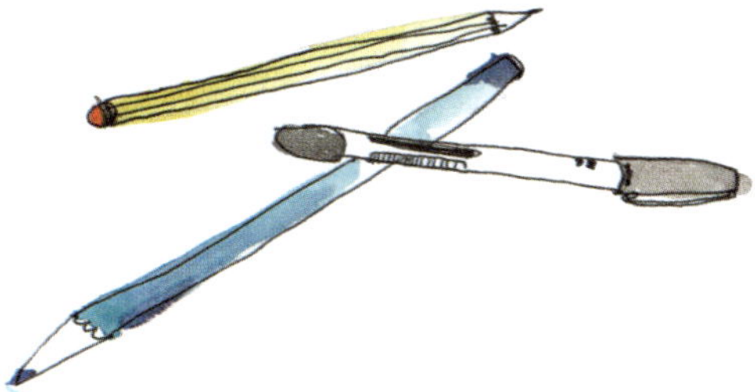

Aunque estés en silencio, puedes continuar con tus actividades diarias, como cocinar, limpiar, cuidar del jardín, andar, etc. Por supuesto, también puedes hacer ejercicios de meditación formal. **Cuando estamos en silencio, todo lo que hacemos es parte de un ejercicio continuo**.

Quedarnos en silencio es una oportunidad de ver cómo cambia «el tiempo» en nosotros de un momento a otro. Cuando estamos en silencio, **nos damos cuenta de que estamos desesperados por tener estímulos** pues nos absorben, por ejemplo, las instrucciones para utilizar un extintor, o la etiqueta de la mermelada. **Puede que lo hagamos todo más despacio**, puesto que dejamos de correr hacia lo siguiente, o puede que nos invada la inquietud y nos resulte incómodo el silencio. **Nos damos cuenta** de los colores de nuestro plato y de los sutiles sabores que no solemos apreciar, y aumenta nuestro sentido del olfato, por lo que cuidamos más lo que comemos. **Somos conscientes** de la porquería que llena nuestra mente, de los pensamientos que nos rodean hora tras hora.

Permanecer en silencio durante horas no siempre es fácil o entretenido, pero no tiene precio.

Cuando abandones un periodo largo de silencio, de un día o más, **ten cuidado al volver al ruido de la vida diaria**. Presta especial atención cuando hagas una actividad que requiera reflejos, como conducir, pues, al principio, estos pueden ser más lentos de lo normal.

capítulo 6

CONVIVE CON LA DIFICULTAD

El mindfulness puede ayudarnos a enfrentarnos a las emociones difíciles más fácilmente. No obstante, **antes de decidir resolver todos nuestros problemas a través del mindfulness, es importante que establezcamos unas habilidades básicas,** como el retorno regular a la respiración (ver págs. 146-149) y la conexión con el cuerpo (ver Capítulo 2).

El propósito de los ejercicios no es arreglar o mejorar las cosas, sino practicar la convivencia o el foco en las sensaciones, emociones y pensamientos difíciles. Cuando somos conscientes de lo que ocurre en nuestro cuerpo y estamos dispuestos a experimentar sensaciones desagradables, quizá notemos que estas cambian y desaparecen, aunque puede que no lo hagan. No obstante, **el hecho en sí de mostrar curiosidad ante tu experiencia te coloca inmediatamente en la posición de observador** y hace que la emoción no te atrape tanto.

Es importante dar pasos pequeños para no agobiarte con los sentimientos y sensaciones. Practica con las pequeñas cosas irritantes de la vida. **A veces lo más inteligente es no hacer nada** y esperar a un momento y lugar en que sea seguro hacer los ejercicios.

Recuerda que la respiración es tu ancla, tu lugar seguro, y, si no estás cómodo con ella, puedes centrarte en los pies (ver págs. 188-189).

SIÉNTATE Y MUÉVETE CON LA RESPIRACIÓN

El mindfulness de la respiración es uno de los ejercicios principales. Te recomiendo que lo practiques informalmente (ver págs. 150-151) y, a veces, de modo algo más formal haciéndolo sentado (ver págs. 44-45 y 146-149).

Cuando estamos nerviosos, puede ser un reto quedarse sentado. Nuestra mente está inquieta, llena de pensamientos por aquí y por allá. Si es demasiado difícil permanecer sentado, **otra opción es incorporar algo de movimiento.** Puedes hacerlo durante unos minutos al comienzo del ejercicio y luego, **cuando ya estés asentado, parar,** o puedes hacerlo durante todo el ejercicio.

El ejercicio es el mismo que el del mindfulness de la respiración (ver págs. 44-45), pero vamos a **introducir un pequeño movimiento de manos**. Se trata de una variante del ejercicio de pie que se hace en Qiqong (pronunciado «chi-gung»), y, si te gustan los ejercicios de movimiento, **te recomiendo que lo explores.**

Antes de comenzar, quizá te ayude leer de nuevo las instrucciones de las páginas 44-45.

Pruébalo

Siéntate en una postura cómoda (ver págs. 38-41), con las manos en el regazo y las palmas hacia arriba. Puedes tener los ojos cerrados o abiertos.

Centra tu atención en la parte del cuerpo donde más fuerte sientas la respiración: puede ser el estómago, el pecho o en torno a la nariz y los labios. Comienza notando la respiración, cómo es ahora mismo… sé consciente de sus características, pero no te preocupes por tener que cambiarla.

Cuando inspires, deja que tus manos floten con las palmas hacia arriba, durante toda la inspiración… Cuando espires, haz que tus palmas miren hacia abajo y déjalas flotar hasta tu regazo.

Continúa haciendo esto, moviendo las manos a la vez que respiras, inspira… las manos flotan hacia arriba… espira… las manos flotan hacia abajo.

Cuando notes que tu mente vaga (que ocurrirá), vuelve a tu respiración y sigue moviendo tus manos.

RECUERDA CULTIVAR LA AMABILIDAD Y LA COMPASIÓN PARA CONTIGO MISMO Y PARA CON LO QUE ESTÁS HACIENDO A LO LARGO DE TODO EL EJERCICIO.

EL ROJO SIGNIFICA PARAR

¿Cuántas veces te has acercado a un semáforo con el coche y, conforme cambiaba de verde a ámbar y luego a rojo, has notado que te enfadabas? **Cuando las luces se ponen en nuestra contra, es como si el mundo entero lo estuviera,** sobre todo si hemos de llegar a algún lugar. Nos lo tomamos a pecho: «La luz ha visto que yo llegaba y se ha puesto en rojo... ¡a propósito!». ¿Te suena?

Cuando nos sentimos así, nos irritamos e incluso nos enfadamos. **Quizá recurramos al «siempre me pasa a mí»** o algo parecido. Puede que nos agarremos con fuerza al volante y que las palmas nos suden, que tamborileemos con los dedos para intentar que las cosas vayan más rápido... es posible que refunfuñemos o que nos enfademos con otros pasajeros. Quizá nos cambiemos de carril esperando ganar un segundo o dos cuando se ponga verde...

Respondamos como respondamos, si queremos conservar el carné **debemos parar cuando está en rojo. No hay pero que valga**, es así en todo el mundo. Enfadarnos y ponernos tensos por algo sobre lo que no podemos hacer nada tiene consecuencias:

La luz roja señala parar y prestar atención a nuestra experiencia

* Nuestro mecanismo de lucha o huida se mantiene en alerta, en detrimento de nuestra salud (ver págs. 20-24).
* Tiene un efecto negativo en nuestras emociones.
* Nuestro humor afecta cómo interactuamos con otros y cómo interpretamos los hechos.
* ¿Y si hubiera una alternativa? ¿Si pudiéramos ver la luz roja como una oportunidad en lugar de un obstáculo?

Pruébalo

Cuando la luz cambie de ámbar a rojo y tengas que pararte, nota lo que te ocurre… Presta atención a tu experiencia, toma conciencia de…

¿Qué pensamientos surgen?

¿Qué emociones sientes?

¿Qué sensaciones físicas están presentes? Nota cualquiera que surja en tu cuerpo, sobre todo en los puntos de contacto con el volante… ¿Cómo están tus hombros? ¿Y tu cuello?

RECUERDA...

No tratamos de cambiar nuestra experiencia, sino de darnos cuenta de cómo es y de qué le está sucediendo, momento a momento. **A menudo, las sensaciones pueden ser sutiles.** Puede que no sientas o notes nada, y eso está bien. Lo importante es que tengas la intención de centrarte en ello.

Cuando tu mente vague, **regresa al cuerpo**; si quieres, nota cómo se eleva y desciende la respiración, la expansión y la contracción del pecho, siente el peso de los pies en el suelo, tus manos en el volante, tu cuerpo en el asiento... **simplemente sentado.**

Recuérdate a ti mismo que en ese momento no puedes ir a ningún otro sitio... **Solo estar presente.** Practica mientras la luz permanezca roja.

Después, **reflexiona sobre lo que has notado.**

RETOS DEL TRANSPORTE

Iba **sentada en el autobús con un calor horrible,** aún más incómoda por las **pesadas bolsas sobre mi regazo.** Un hombre más bien corpulento se subió y se sentó junto a mí. Aunque ya había invadido «mi lado», teníamos algo de espacio entre nosotros hasta que se vio obligado a arrimarse más para dejar lugar a los que estaban de pie en el pasillo. En un segundo, estaba apretado contra mí, en el calor pegajoso, y **no pude evitar quejarme.** Intentó retirarse, y los dos nos disculpamos a la vez. Sabía que no era su culpa, sino que mi incomodidad también se debía al peso de las bolsas y al sol de la ventana.

Si cambiamos nuestra forn

Se lo expliqué y me disculpé, y en unos segundos conversábamos sobre lo desagradable que era el calor.

En esta situación, yo ya estaba incómoda y **el pasajero fue la gota que colmó el vaso.** Me quejé sin pensarlo, pero, al hacerlo, me di cuenta de lo embarazoso que resultaba para él, además del contexto general de las bolsas (que era mi culpa) y el calor (que no era culpa de nadie). **No podía elegir mi reacción automática, pero sí mi respuesta siguiente**: disculparme y explicarme. No compensaba el daño que puede que le causara, pero espero que lo aliviara.

Si utilizas el transporte público, sabrás **lo a menudo que surgen situaciones incómodas con otros pasajeros.** Muchas veces, llegamos al trabajo de mal humor debido a estas interacciones. Pero **¿y si pudiéramos hacer las cosas diferente, si nuestro viaje fuera una oportunidad para hacer ejercicios?**

de relacionarnos con la experiencia, dejará de estresarnos.

Pruébalo

La próxima vez que te sientas tenso cuando uses el transporte público, prueba uno de los siguientes ejercicios:

1. Centra tu atención en tu cuerpo y sé consciente de tu respuesta. ¿Contra qué reaccionas? Nota cualquier sensación de tensión, de contracción o de rechazo. Cuando eres consciente de tu experiencia, puedes decidir cómo responder. Puedes centrar tu atención en la zona de tensión y explorarla. También puedes concentrarte en la respiración y utilizarla como ancla, quedándote en la duración de cada inspiración e inspiración. Si no, puedes dirigir la respiración a la parte del cuerpo que sientas más tensa e inspirar y espirar por esa zona concreta.

2. A menudo, tenemos una idea fija de cómo deberían desarrollarse las cosas, y, cuando alguien interfiere con ese escenario, nos decepcionamos. Esto afecta a otras interacciones. En vez de ello, si permanecemos abiertos a las posibles consecuencias, tendremos menos posibilidades de tener unas expectativas concretas. Por ejemplo, si esperas tener asiento en el tren o el autobús y están todos ocupados, te sentirás desposeído. Pero si abandonas las expectativas de tener asiento y te abres a la posibilidad de que haya uno, cuando lo encuentres o te lo ofrezcan será un extra. Dejar ir las expectativas puede aumentar las oportunidades: puede que veas algo interesante o que leas un anuncio sobre un puesto de trabajo por encima del hombro de alguien… las posibilidades son infinitas.

3. Es normal sentirnos más estresados cuando nos vemos desposeídos de nuestra capacidad de decisión. Siguiendo con el ejemplo del asiento, si nos dirigimos a uno vacío y alguien se interpone y se sienta, solemos enfadarnos (como cuando nos quitan una plaza de aparcamiento). Sin embargo, encuentro que si tomo la decisión intencionada de rendirme a la «competencia» y ofrecerles el asiento, ya no me siento agredida. Puede que esté de pie, pero no con una nube de enfado por encima de mi cabeza. Si percibo la situación de otra forma y me resulta indiferente si encuentro asiento o no, la situación ya no provocará estrés en mi cuerpo.

4. Muchos de nosotros nos sentimos excesivamente presionados en relación al tiempo: tenemos que llegar a la oficina a una hora concreta, y si no lo hacemos será «desastroso». Tenemos que subir a este tren en vez de esperar dos minutos al siguiente, porque, si no, llegaremos tarde. Así que esperamos con nervios, sin saber si habrá sitio. Las puertas se abren e intentamos empujar par que quepa «uno más». Nos apretujamos y llegamos al trabajo estresados. Pero ¿y si dejaras ir ese tren y esperaras al siguiente, o incluso al siguiente? Si llegas seis minutos más tarde, pero mucho más relajado, ¿no es eso una forma mejor de empezar el día? Es tu decisión.

EN EL ATASCO

Lo bonito del mindfulness es que **la vida siempre nos ofrece oportunidades de practicarlo.** Este es otro ejercicio que puedes hacer en el coche, cuando estés en un atasco. Posiblemente sea más largo que el de las páginas 178-181, pero es un proceso similar.

Puedes hacer este ejercicio allí donde tengas que esperar: por ejemplo, en la cola del supermercado o del banco. Intenta **transformar cada cola en una oportunidad de practicar el mindfulness.** Cuando practicamos la «convivencia» con las pequeñas molestias del día a día, ejercitamos nuestra curiosidad por unas experiencias que quizá sean estresantes, pero que dejarán de agobiarnos.

Pruébalo

Comienza por tener la intención de estar presente en tu experiencia, por mucho que quieras que sea diferente.

Explora centrarte en la experiencia: nota primero cualquier pensamiento que surja... Luego, sé consciente de las emociones y, si quieres, nómbralas (ver págs. 190-191): por ejemplo, «La ira está presente», y reconoce su presencia, aunque creas que no es apropiada. Si notas que surgen juicios en torno a tus emociones, simplemente piensa: «Estoy juzgando».

Después, céntrate en tu cuerpo. ¿Qué notas? Interésate por la respuesta corporal a la experiencia. ¿Qué sensaciones tienes? ¿Cómo las describirías? ¿Dónde se sitúan? ¿Son fijas o se mueven?

Continúa explorando tu experiencia e interesándote por ella. Mientras estés en el coche, no puedes hacer otra cosa que descubrir más...

Después, reflexiona sobre lo que has notado cuando practicabas mindfulness en el atasco.

PERMANECE CENTRADO

Cuando experimentamos dificultades, es fácil sentirse abrumado por las emociones. **Nuestros pensamientos pueden llevarnos a un estado de ansiedad.** La recomendación usual cuando tenemos problemas es centrarse en la respiración, pero, para algunas personas y en ciertas ocasiones, puede ser complicado. **Si entramos en pánico, nuestra respiración suele verse afectada,** por lo que la idea de centrarnos en ella puede ser **pedir demasiado. La alternativa es simple y también puede conectarte con tu cuerpo** (que es la razón por la que nos centramos en la respiración).

Puedes hacerlo en cualquier lugar sin que nadie se dé cuenta.

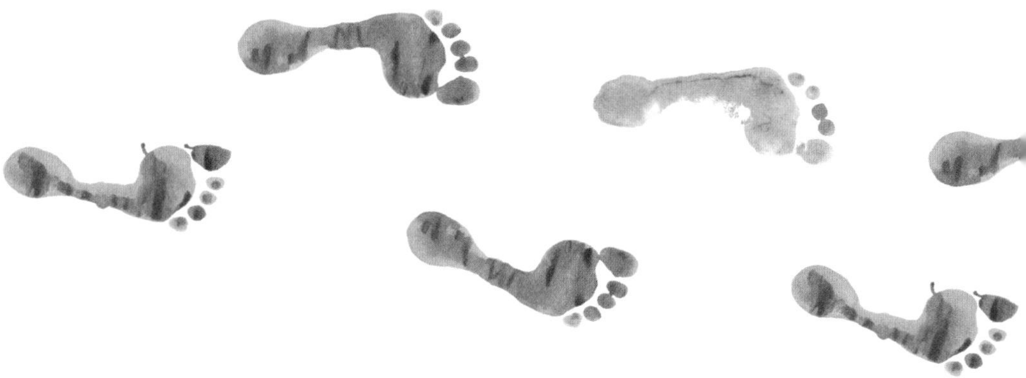

Pruébalo

De pie o sentado, presta atención a tus pies y sé consciente de que están en el suelo. Nota las sensaciones de tus pies en contacto con el suelo, el olor, la calidez, el frescor... Sé consciente de ellos.

Cada vez que tu mente te lleve al pasado o al futuro, haz que tu atención vuelva a tus pies. Puedes hacerlo una y otra vez.

Tras unos minutos, si quieres, expande tu conciencia e incluye la respiración. Mientras inspiras, imagina que lo haces a través de los pies... llenando tu cuerpo de aire... llenando tu cuerpo de oxígeno... luego, espira por los pies, dejando salir el aire.

Continúa haciéndolo, inspira profundamente a través de los pies... espira a través de los pies... tanto tiempo como quieras, y haz que tu atención regrese a ellos cuando te distraigas.

NOMBRA A TUS DEMONIOS

Los ejercicios budistas tradicionales incluyen nombrar cualquier emoción que surja durante la práctica, por ejemplo, decir en silencio: «La envidia está presente». **Nombrar la emoción la cosifica, haciendo que el que lo hace se vuelva un observador y adquiera perspectiva** en vez de «tener envidia», que sugiere que estamos atrapados en esa emoción. La investigación también ha demostrado que, al nombrar las emociones, se activa una parte del cerebro relacionada con el autocontrol. **El simple hecho de nombrarla es lo que importa,** y no las conclusiones que podamos sacar. Así que, cuando nombramos lo que surge, estamos rebajando esa emoción, además de tomar el punto de vista del observador.

El siguiente ejercicio suele hacerse sentado, pero también puedes hacerlo informalmente en tu día a día, cuando notes que surgen emociones difíciles.

Pruébalo

Cuando notes que surge una emoción intensa, identifícala y toma nota de ella: por ejemplo, di «La tristeza está presente», o repite suavemente: «Tristeza, tristeza, tristeza». Al mismo tiempo, nota la sensación que produce en tu cuerpo. A veces, puede que surja más de una emoción: por ejemplo, el enfado puede ser la primera emoción y la más intensa, pero el miedo suele estar subyacente. Así que, a veces es útil sentarse y notar cómo las emociones crecen y menguan. Te sorprenderás al identificarlas.

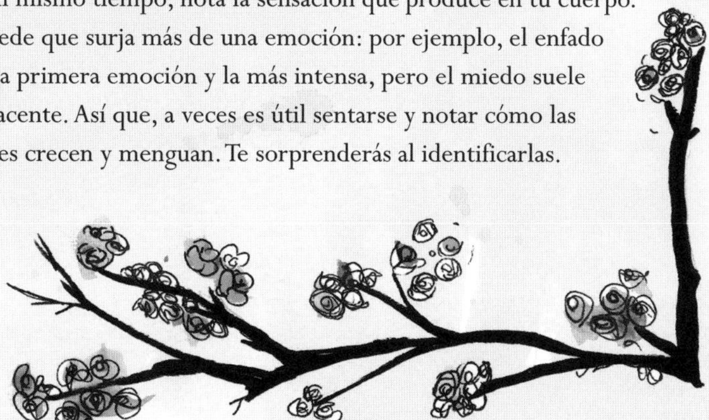

Es importante recordar que no hacemos estos ejercicios para que las emociones desaparezcan. Esa es una de las paradojas de la meditación: si la haces con la intención de que una emoción complicada se desvanezca, lo más probable es que acabes decepcionado. **Ejercitamos «la convivencia» con aquello que surja.**

HAZTE AMIGO DE LA DIFICULTAD

Si padecemos una enfermedad crónica, tendemos a identificarnos fuertemente con ella: por ejemplo, nos decimos a nosotros mismos: «Soy un ansioso». Es un sentimiento sólido, concreto y permanente. Parece que fuéramos así todo el tiempo, cuando, de hecho, la realidad suele ser diferente. La ansiedad o el dolor pueden aparecer y desaparecer, así como estar ausentes durante periodos largos. **La dolencia es algo que aparece de vez en cuando, como un amigo o un familiar al que no queremos ver.** Podemos **fomentar la actitud de distancia hacia ella** si le damos un nombre, de ser posible uno gracioso.

A una amiga mía, Elise, le diagnosticaron artritis reumatoide, una enfermedad dolorosa y debilitante, cuando tenía treinta y tantos años. Ella la llama «el señor Arturo Itis». A veces me dice: «Arturo se presentó el fin de semana... ¡qué pesado! No pude salir...». De inmediato, pone distancia entre ella y su enfermedad. No quiere tenerla y no puede evitar que aparezca de repente, pero sí puede hacer que deje de definirla. Es solo una parte de ella.

Pregunta: «¿Puedo respirar con ello una vez?»

Pruébalo

Si tienes una enfermedad o una fobia, dale un nombre. Por ejemplo, si padeces de ansiedad, miedo o dolor, puedes llamarlo «el señor Miedo», «Ana Ansiedad» o «Dolores». Elijas el nombre que elijas, utilízalo cuando te sobrevenga. No los hará desaparecer, pero puede hacer cambiar la forma en la que te relacionas con ellos.

... Después, hazlo una vez más.

SOLO UNA INSPIRACIÓN

Ya sientas dolor físico o emocional, la idea de aguantarlo durante algún tiempo puede resultar insoportable. **En el mindfulness, constantemente «trabajamos en el filo» de la convivencia con la dificultad.**

«Trabajar en el filo» es la diferencia entre forzarte a apretar los dientes y aguantar, lo que provoca tensión y resistencia, y mojarte un poco, probando las barreras y límites. Puedes **experimentar e identificar esta diferencia en una serie de escenarios.** Yo suelo tener una imagen mental de mí misma dentro de una enorme burbuja de plástico que se expande hacia la dificultad, pero luego se retira y se contrae y me mantiene constantemente a salvo y protegida.

Gran parte del sufrimiento, ya sea físico o psicológico, lo causa pensar que hemos de aguantarlo por un tiempo indefinido. Usamos un lenguaje catastrofista, del tipo: «Esto me está matando» o «No puedo aguantarlo mucho más».

Sin embargo, Jon Kabat-Zinn sugiere que reconsideremos nuestro comportamiento y nos preguntemos a nosotros mismos: «¿Puedo aguantar una

inspiración más?». Después de todo, el dolor está ahí y no puedes escapar a él... después, si lo aguantas, quédate una inspiración más... y así sucesivamente.

La única instrucción es hacerlo **solo una vez en cada ocasión.** Permanece en la duración de la inspiración y nota la transición, cuando se convierte en espiración; después, permanece en la duración de la espiración. **No se espera que aguantes más que eso.**

En el momento en que tus pensamientos te distraigan (que probablemente lo harán), vuelve al «filo» y **ábrete a la posibilidad de permanecer en él** solo una inspiración más.

UN PASEO BAJO LA LLUVIA

La lluvia suele estar fría, y siempre moja. **¿Cómo sueles reaccionar a la idea de salir bajo ella?** La mayoría de nosotros nos ponemos un chubasquero, quizá botas de agua, sacamos el paraguas y nos aventuramos a salir, bajando la cabeza y preparándonos literal y metafóricamente para enfrentarnos a los elementos...

La próxima vez que llueva, ¿por qué no pruebas algo diferente?

Pruébalo

Deja que las gotas de lluvia resbalen por tu cara, empapándote el pelo y bajándote por la espalda... Nota la reacción de tu cuerpo... un escalofrío o el placer de su frescura... sé consciente de los pensamientos y emociones que surjan...

Reconoce su presencia, pero céntrate de nuevo en tu cuerpo. Hazlo una y otra vez... Nota cómo se tensan los músculos... localiza la tensión y admítela...

Siente la sensación del agua tocando tu piel... saborea las gotas en la lengua... ábrete al olor del agua y de la lluvia por todas partes. Sé consciente de la temperatura... nota la sensación de ser arrastrado por la experiencia o de querer salir de ella (y recuerda que no tenemos un objetivo).

PERMANECE EN LA LLUVIA... SEA COMO SEA

ÁBRETE AL MUNDO

Cuando estamos inmersos en problemas, nuestro mundo se vuelve más pequeño, pues nos centramos solo en las dificultades. Nuestra forma de pensar también se contrae; **sufrir estrés crónico tiene un impacto negativo en el cerebro**, previniendo la formación de nuevas neuronas y haciendo que ciertas áreas del cerebro se atrofien y mueran. Cuando estamos estresados, **es improbable que seamos creativos o que estemos abiertos a nuevas ideas**. Conectar con el mundo que nos rodea nos puede ayudar a **contrarrestar este sentimiento y crear un pequeño cambio, lo suficiente para provocar una nueva tangente,** un cambio de dirección.

Pruébalo

Si te sientes sobrepasado, encuentra un lugar donde puedas conectar con un espacio. Si vives en una ciudad, intenta ir a algún lugar elevado, para poder estar por encima de las abarrotadas calles, o encuentra un poco de césped en un parque. O puedes simplemente mirar por la ventana. Si estás en el campo o al lado del mar, quizá te sea posible encontrar un espacio abierto con vistas a ellos.

Cuando contemples el agua, la tierra o el cielo, quédate sentado en silencio y «ábrete» a esa sensación de amplitud.

Conecta con un sentido de atemporalidad: la montaña que ha sobrevivido durante milenios… o la vista que ha sido testigo de las penas y alegrías de muchas generaciones antes de mí… o las olas que han bañado costa tras costa, conectando familias a uno y otro lado del mundo… o incluso el cielo, eternamente azul a pesar de las nubes o la lluvia que lo oscurecen de vez en cuando…

SOLO SIÉNTATE, MIRA Y RECIBE.

ACÉRCATE AL DOLOR

Cuando tengo migraña, el dolor es insoportable: siempre hay un punto en que se vuelve inaguantable y tengo que tumbarme en la oscuridad. No obstante, he notado que, **si presto atención al dolor, tengo una sensación de alivio** en la frente y en las sienes. El dolor sigue ahí, pero los músculos de mi cara se relajan y liberan tensión de forma notable. Cuando presto atención al dolor, puedo empezar a desenmarañar las sensaciones. **El proceso se asemeja a desenredar una madeja compuesta de muchos hilos, distinguiendo poco a poco el color conforme aflojamos los nudos.** Identifico los distintos ritmos y lugares de mi molestia. Comienzo a observar el dolor, en vez de estar envuelta en él. Es como surfear sobre una ola, en vez de ser engullido por ella.

Pruébalo

Convivir con el dolor puede ser un reto, así que es buena idea aprovechar cualquier oportunidad que tengas de practicar con episodios breves, como un dolor de cabeza, un dedo machacado o un dolor de estómago.

Centra tu atención en el lugar del dolor. Nota lo que ocurre. Aunque no tengamos la intención específica de relajar esa zona, el acto de concentrarnos en ella suele provocar cambios.

Experimenta y acércate más a la molestia. ¿Qué notas? Puedes recurrir al ancla de la respiración siempre que te resulte necesario. No se premia la resistencia.

Nota cualquier pensamiento que te ronde. ¿Eres consciente de alguna emoción en particular? ¿Qué historias te cuentas a ti mismo sobre la experiencia? ¿Estás añadiendo dolor emocional al físico? ¿Te ayudan tus pensamientos, o no? Puedes romper el ciclo de pensamiento al llevar la atención a tu cuerpo: bien sea al dolor en sí (investigándolo en términos de lugar, características, color, temperatura, etc.), a la respiración o a las sensaciones físicas, como el contacto con la superficie sobre la que estás sentado o tumbado. Alternativamente, puedes combinar los tres, acercarte al dolor y luego retirarte a un lugar seguro al ritmo que te resulte posible.

Es importante no esperar que el dolor desaparezca solo porque le prestes atención. No lo hará, pero al centrarte en él haces lo contrario de evitarlo, y ese es el primer paso para aceptarlo. Solo así podemos cambiar nuestra relación con el dolor.

CONVIVE CON LO DESAGRADABLE

La práctica del mindfulness consiste en centrar nuestra atención en lo que surja, incluido lo desagradable. Sin embargo, **no podemos esperar ser capaces de aguantar los sentimientos difíciles de repente**: no se trata de apretar los dientes y aguantar pase lo que pase. En lugar de ello, **adoptamos una actitud de curiosidad e interés y exploramos lo que significa «difícil» para nosotros**. Hacemos esto comenzando por las cosas más pequeñas, las molestias menores y las experiencias desagradables a las que nos enfrentamos en nuestro día a día.

Pruébalo

Proponte ser consciente de cualquier cosa desagradable que te ocurra. Se trata de notar las pequeñas cosas: cómo te sientes cuando alguien se te cuela, o si se lleva la última barra de pan de la tienda justo antes que tú...

Sé consciente de lo que identificas como «desagradable». ¿Cómo sabes que lo es? ¿Qué sientes en tu cuerpo, y dónde? ¿Qué pensamientos notas que surgen? ¿Qué emociones están presentes (puede que haya más de una)?

Sé curioso sobre qué te molesta, y nota el efecto que tiene en ti: en tu cuerpo, en tus pensamientos, en tu humor. Nota, también, cómo afecta a lo siguiente que hagas. ¿Cómo interactúas con otros después de ello?

Como siempre, lo hacemos con un espíritu de compasión y amabilidad para con nosotros mismos. Todos reaccionamos a las experiencias desagradables, y este ejercicio trata de utilizar esas experiencias como oportunidades de acercarnos a algo que nos parece difícil o de descubrir más sobre ello. Al practicar con cosas pequeñas, nos acostumbramos a centrarnos en lo que nos desagrada: ejercitamos nuestro músculo de la conciencia, especialmente en relación a las dificultades. Eso nos ayudará cuando nos enfrentemos a problemas mayores, como la enfermedad, la pérdida de empleo y la muerte.

Puede serte útil reflexionar al final del día y darte cuenta de dos o tres hechos «desagradables», anotando lo que sentiste en el cuerpo, los pensamientos y emociones que notaste y cómo te encuentras ahora, cuando miras atrás. ¿Hay algo en esta reflexión que te sorprenda? Puedes hacer este ejercicio varios días seguidos y, quizá, repetirlo después cada varios meses. Es posible que quieras probar el ejercicio vinculado a él, Convive con lo bueno, en las páginas 105-106.

CÓMO CONTINUAR

Si los ejercicios de este libro te han parecido útiles, quizá quieras desarrollar más tu práctica del mindfulness leyendo otros libros, asistiendo a un curso o uniéndote a un grupo. Practicar siempre tú solo, de forma aislada, puede ser todo un reto.

Si quieres establecer una práctica diaria, la mejor forma de hacerlo es por medio de un curso. Compartir tu experiencia y aprender junto a otros resulta muy beneficioso, como lo son también los consejos de un profesor. Si quieres encontrar grupos cerca de ti, busca MBSR (Reducción del Estrés Basado en el Mindfulness), MBCT (Terapia Cognitiva Basada en el Mindfulness) y Vipassana. Los dos primeros son seculares, y el tercero pertenece a la tradición budista: sus grupos suelen estar vinculados a una orden budista concreta.

Existen muchos libros sobre técnicas de meditación mindfulness y mindfulness para grupos concretos, como personas con cáncer, ansiedad, desórdenes alimenticios, etc., además de diferentes formas de meditación budista. En la página 207, enumero algunos libros en concreto, pero muchos de esos autores han escrito otros grandes libros. También he incluido autores que puede que quieras descubrir. Muchos producen audiolibros, que suelen incluir meditaciones guiadas y son especialmente útiles.

PÁGINAS WEB ÚTILES

REINO UNIDO

www.bangor.ac.uk/mindfulness Centre for Mindfulness Research and Practice, Bangor, Norte de Gales. Compra CDs, aprende más sobre los cursos profesionales y clases de mindfulness en el Norte de Gales.

www.bemindful.co.uk Aprende más sobre el mindfulness y encuentra cursos en Reino Unido.

www.gaiahouse.co.uk Gaia House es un centro de retiro que ofrece cursos y retiros de meditación siguiendo la tradición budista.

www.londoninsight.org London Insight ofrece un programa de eventos basados en la tradición de la meditación Vipassana.

www.mbct.co.uk Descubre más sobre la MBCT y el Oxford Mindfulness Centre.

ESTADOS UNIDOS

www.dharma.org Insight Meditation Society, Barre, Massachusetts.

www.mindfulnesstapes.com Página web de Kabat-Zinn, venta de libros y CDs.

www.qigonginstitute.org/main_page/main_page.php Promueve el Qigong y la Medicina de la Energía a través de la investigación y la formación.

www.soundstrue.com Descargas de audio y vídeo.

www.spiritrock.org El Spirit Rock Meditation Center se dedica a las enseñanzas de Buda, tal y como aparecen en la tradición Vipassana.

www.umassmed.edu/cfm/home/index.aspx Center for Mindfulness in Medicine, Health Care, and Society, University of Massachusetts. Formación profesional y programas de MBSR.

LIBROS

Burch, Vidyamala *Living Well with Pain and Illness: The Mindful Way to Free Yourself from Suffering* (Piatkus, 2008)

Kabat-Zinn, Jon *Full Catastrophe Living: Using the Wisdom of Your Body and Mind to Face Stress, Pain, and Illness* (Delta, 1990)

Kabat-Zinn, Jon *Wherever You Go, There You Are: Mindfulness Meditation in Everyday Life* (Hyperion, 2005)

Kabat-Zinn, Jon and Myla Everyday Blessings: *The Inner Work of Mindful Parenting* (Hyperion, 1998)

Kabat-Zinn, Jon; Teasdale, John; Segal, Zindel; and Williams, Mark *The Mindful Way Through Depression: Freeing Yourself from Chronic Unhappiness* (The Guilford Press, 2007)

Kornfield, Jack *A Path with Heart* (Rider, 2002), y otros títulos

Penman, Danny and Williams, *Mark Mindfulness: A Practical Guide to Finding Peace in a Frantic World* (Piatkus, 2011)

Recomiendo también cualquier libro de Pema Chodron, Joseph Goldstein, Thich Nhat Hahn y Sharon Salzberg. Existen muchos otros libros y autores buenos, y leer uno te suele llevar a otro: explora tu biblioteca local y busca también en Internet.

AGRADECIMIENTOS

Todo lo que he aprendido sobre el mindfulness me lo han enseñado mis profesores, algunos cara a cara y otros por medio de las enseñanzas de sus libros y audios, además de mis estudiantes y compañeros, en especial Catherine Grey, amiga y colega que me ha enseñado y apoyado mucho.

Debo dar las gracias en especial a los profesores del máster del Centre for Mindfulness Research and Practice del Norte de Gales: Trish Bartley, Becca Crane, David Elias y Jody Mardula, y en particular a Eluned Gold por su apoyo y consejo como supervisora; también a los profesores del Center for Mindfulness in Massachusetts, Estados Unidos, especialmente a Melissa Blacker y Pamela Erdmann, y a David Rynick, de Boundless Way Zen.

Me gustaría también dar las gracias a London Insight y a sus fantásticos profesores.

Gracias al equipo de Cico Books, en particular a Dawn Bates, Sally Powell, Cindy Richards y Gordana Simakovic, por darme esta oportunidad, y a Amy Louise Evans por sus ilustraciones.

Un agradecimiento especial a Scott y a mi familia por estar siempre ahí, y a Elise Dillsworth por permitirme compartir su historia.